全本全注全译丛书

中华经典名著

檀作文　万　希◎译注

幼学琼林 一

中华書局

目录

前言

中国文化重传承，修辞追求凝练。古人写文章，注重成语典故的应用，往往将其视为学问及修辞能力的重要衡量标准。与此相应，传统蒙学重视成语典故的系统学习，《幼学琼林》便是满足这一教育功能的一部书。

《幼学琼林》，全名《幼学故事琼林》，一名《幼学须知》，或名《成语考》。"幼学"，界定它的受众是儿童，性质是蒙书。"琼林"，是比喻性说法，意为精华荟萃。"故事"，是从内容角度描述，说明该书所讲，是古时候的事情。"成语"，指习用的古语，是从语言修辞角度界定该书性质。

《幼学琼林》成书于明末，在清代极为流行。乾隆四十四年（1779）湖南巡抚李湖《奏审办陈希圣挟嫌诬首邓谦收藏禁书案折》（见《清代文字狱档》），详列在邓谦寓所搜查所得诸书，即有"《新增故事琼林》即《幼学须知》二本"。邓谦以训蒙为业，可见该书在当时为塾师训蒙所必备。鲁迅回忆幼年时期在三味书屋所读课文，里头有一句"笑人齿缺曰狗窦大开"，便出自该书，可见直到清末，该书仍是训蒙课本，上私塾的儿童人人诵读。

《幼学琼林》传世版本众多，在文本形态上存在各种差异，主要体现在书名不同、著者署名不同、篇目卷次不同、正文有无增补、有注无注这几个方面。

　　该书版本虽然复杂,但考镜源流,最有代表性的约为三系:(1)丘濬、卢元昌《成语考》本(简称"丘卢本"或"丘本");(2)钱元龙《幼学须知句解》本(简称"钱本");(3)程登吉、邹圣脉《幼学故事琼林》本(简称"程邹本"或"邹本")。三者之中,以程邹本最为通行。

　　程邹本《幼学故事琼林》凡三十三篇,分四卷。篇目卷次如下:卷一:天文、地舆、岁时、朝廷、文臣、武职;卷二:祖孙父子、兄弟、夫妇、叔侄、师生、朋友宾主、婚姻、女子、外戚、老寿幼诞、身体、衣服;卷三:人事、饮食、宫室、器用、珍宝、贫富、疾病死丧;卷四:文事、科第、制作、技艺、讼狱、释道鬼神、鸟兽、花木。从篇目看,沿袭的是类书传统。

　　程邹本书名,一般题作《新增幼学故事琼林》,有些本子,尚有"寄傲山房塾课"前缀。著者署名:"西昌程允升先生原本,雾阁邹圣脉梧冈氏增补;清溪谢梅林砚佣氏、男邹可庭涉园氏仝参订。"程邹本卷首大抵收有邹圣脉自序,兹录如下:

　　　　欣逢至治,擢取鸿才。制艺之科,并征考据(此二句,一作"时艺之外,兼命赋诗")。使非典籍先悉于胸中,未有挥毫不窘于腕下者。然华子之《类赋》、姚氏之《类林》,卷帙浩繁,难(一作"艰")于记忆。惟程允升先生《幼学》一书,诚多士馈贫之粮,而制科渡津之筏也。但碎金积玉,原属无多,则摘艳熏香,应增未备,庶几文人足供驱使。奈坊刻所补,殊不雅驯。在老成能知去取,固诮续貂;若初学未识从违,反云全璧。一经习染,俗不可医,即用针砭,难瘳痼疾矣。爰采汇书,各(一作"为")增篇末。文必绝佳,片笺片玉。语期可诵,一字一缣。并汰旧注之支离,易新诠之确当。详所当详,而不厌其烦。略所当略,而不嫌其简。务归明晰,一阅了然。如蓝田之琬琰,元圃之琳琅。能令见者宝之,各欲私为枕秘。因颜之曰"琼林"。览是书者,其以余言为不谬否。时乾隆二十五年岁在庚辰仲春上浣雾阁邹圣脉梧冈氏书于寄傲山房。

　　据序文可知,邹圣脉《新增幼学故事琼林》一书,是在程登吉(字允升)《幼学须知》的基础上增补而成。在邹圣脉之前,坊间就有《幼学须知》增补本和注释本,但邹圣脉对旧补和旧注皆不满意,故对原文另作增补,并另行作注,且将书名改成《幼学故事琼林》,于乾隆二十五年(1760)付梓。"幼学琼林"的"琼林"二字,始于邹圣脉。程邹本《幼学故事琼林》正文各篇,于程登吉原文(简称"程文")之后,列邹圣脉增补文(简称"邹增"),一般另起一行,且有很醒目的"增"字标识。

邹序时间题署,亦有作"嘉庆元年岁在丙辰"者。但据邹氏家谱,邹圣脉生于康熙三十年(1691),卒于乾隆二十七年(1762)。嘉庆元年(1796)作序,与其生平不合。且乾隆四十四年(1779)湖南邓谏家中搜出的《新增故事琼林》一书,明显是程邹本。该书初刊之年,不可能晚到嘉庆时期。

钱元龙《幼学须知句解》,卷首一般题写"京江钱元龙学山甫校梓",并附乾隆廿二年丁丑(1757)钱元龙所作序言。序云:

> 《幼学》一书,西昌程允升先生作也。门分类别,比事属辞。经史子集,纷披腕下。如入五都之市,百货充牣。挟所求而来者,无弗如其意以去。重以锡山黄君为之笺注。句索其解,字求其故。不啻溯方流以穷玉水,沿员折而讨璇源也。余垂髫时受而读之,越今周甲。偶于家塾检孙辈课本,如遇故人。独惜焉马(馬)陶阴(陰),袭讹承谬。……因不揣简陋,猥加厘定。间亦略为补缀。分三十四部,汇成四卷。……乾隆岁在丁丑七月既望恕斋钱元龙自题于碍眉书屋。

该书卷首另有范承宣序,云:"是书编自西昌程氏允升,黄氏汪若注之,行于世久。"序末云:"乾隆岁在彊围赤奋若之相月雉臬范承宣拜撰于维扬学署。"钱元龙生平难以详考。范承宣是乾隆七年壬戌(1742)科进士,曾任江苏扬州府教授、浙江德清知县。据范、钱二序,《幼学须知》原作者为程登吉,黄汪若曾为之作注,钱元龙《幼学须知句解》是在程书黄注基础上修订增补。"猥加厘定",钱元龙实则对程氏各篇原文皆有改动。"略为补缀",钱元龙实则增补了《统系》《相猷》《将略》三篇。钱本篇目,将"叔侄类"附入《兄弟》、"宾主类"附入《师友》,故共为34部(篇),目次与程邹本亦有异。

钱本略早于邹本,但也说《幼学须知》原作者为西昌程允升。同治本《新建县志》云:"程登吉,字允升,崇祯时人。内行修治,性淡泊,嗜读古奇书。兄弟三人,伯季名在庠序。登吉甘心韦素,不为应举之学。教授乡里,自署其斋曰'退庵'。卒后,子文在以疾逃为释。通韵学,工字体,摹仿《圣教序》,尤劲特。初,登吉名不著。康熙间巡抚宋荦刻其所撰《幼学须知集》,流布逾万数。人咸知所谓程先生者。"《新建县志》根据的是《程氏家乘》和《南州旧闻》。据程氏族谱,程登吉,名伯祀,字允升,号退斋,明末西昌(今江西新建)人,生于明万历二十九年(1601),卒于清顺治五年(1648)。《新建县志》提到的康熙年间宋荦所刻程登吉《幼学须知集》,笔者未见有传世者。

和刻本倒是有不晚于康熙年间的,但书名不叫《幼学须知》,而叫《成语考》;作者署名不是程登吉,而是丘濬。和刻本《新镌详解丘琼山故事成语必读成语考》(上下卷),前有天和辛酉(1681)荒川秀序,后有天和壬戌(1682)中岛义方跋,一般认为刊于天和二年,即康熙二十一年(1682)。该书凡33篇,篇目与程邹本同,但次第有异;正文与程邹本之"程文"相同。从文本内容看,和刻本丘濬《成语考》与程登吉《幼学须知》,是同一部书。但和刻本《成语考》在书名中嵌入"丘琼山"三字,毫无疑问认定其作者为丘濬。该本内页又题"云间卢元昌文子补著",则对该书著作权认定为:丘濬原著,卢元昌增补。

丘濬(1421?—1495),字仲深,号琼台,明琼州琼山(今海南海口琼山区)人。景泰五年(1454)进士,历仕景泰、天顺、成化、弘治四朝,官至户部尚书,兼武英殿大学士。卒赠太傅,谥文庄。丘濬位居宰辅,所著《大学衍义补》乃明代理学代表作,可谓名声显赫。丘濬著《成语考》一事,不见载于其生平传记,明清公私书目亦未言及。《宣统东莞县志》

云:"相传濬未达时,馆于邑之马坑,著《成语考》一书,以训初学。"此亦猜测之语,只能姑妄信之。和刻本另有《新刻丘琼山故事雕龙》二卷,刊于雍正三年(1725)。日本学者长泽规矩也认为和刻本《成语考》《故事雕龙》二书作者署名丘濬,"殆为假托"(《和刻本类书集成(第四辑)·解题》)。

卢元昌,字文子,生于明万历四十四年(1616),卒于康熙三十四年(1695),是明清之际江苏华亭(今上海松江区)人。为明末著名诗社几社成员,《清诗别裁集》录其诗8篇。卢元昌名位远不及丘濬,《成语考》作者托名丘濬,尚可理解,托名卢元昌补著,似无必要。《成语考》一书在日本流行颇广,另有宽政三年(1791)刊三宅元信(德则)集注本,内页题名《新镌详解丘琼山故事成语必读成语考集注》。清季日人似以丘濬作《成语考》为共识。

从内容看,《幼学琼林·地舆》篇反映的行政区划是明代两京十三布政使司制(北京、南京、山东、山西、河南、陕西、四川、江西、湖广、浙江、福建、广东、广西、云南、贵州),该书成书年代应早于清人入关。丘濬、卢元昌的时代,与此相符。程登吉的时代,亦与此相符。该书的语典出处,大略言之:一是正经正史,二是名家名篇,三是野史小说。该书语典出处,有深刻的朱子学烙印。有很多语典,出自朱子所撰《四书章句集注》《诗集传》《小学》及所编《近思录》《八朝名臣言行录》《五朝名臣言行录》《三朝名臣言行录》之合称。后李幼武增续集、别集、外集,以朱熹所撰为前集、后集合称《宋名臣言行录》)等书,说明该书作者有深厚的朱子学修养。从这个角度讲,该书出自丘濬这样的理学大家之手,有一定的合理性。但该书出自野史小说的典故,又颇荒诞不经,恐非儒者所宜道,不太可能出自丘濬之手;但若理解成文士卢元昌所补,则似亦说得过去。

《幼学》原书究竟为程登吉所作,还是为丘濬、卢元昌所作,在没有更有力的直接证据之前,只能是传闻异辞,不妨两存其说。

尽管书名不同，作者署名也不同，但丘濬《成语考》和程登吉《幼学须知》，本质上是同一个东西，它们的文本内容是一致的。邹圣脉《新增幼学故事琼林》"程文"部分，文本内容也与之相一致。也就是说，存在一个同源性的《幼学》原文。清代《幼学琼林》虽然版本众多，存在有注无注、有无增补的差别，但绝大多数，正文的原文部分（非增补）相一致。成书于乾隆时期的杨应象《增补幼学故事寻源》本、周达用《亦陶书室新增幼学故事群芳》本，莫不如此。钱元龙《幼学须知句解》正文虽有所改动，但亦是在这一同源性的《幼学》原文基础上加以修订。

我们这个整理本，以清末李光明庄精刻本《幼学故事琼林》（即状元阁印《幼学琼林》本，海南出版社1992年影印）为工作底本，但仅取"程文"，不取"邹增"。选李光明庄本做底本，是因为其清晰且易得；仅取"程文"，是为了在《幼学琼林》传世各版本中求一个最大公约数。

整理本正文，严格遵从李光明本原文（下文简称"原本"），原则上不妄改。但对很明显的错字，还是加以改正，并在注中说明。原本错字，有因音近而误者，有因形近而误者，大抵可据上下文文义判断，我们在整理的时候，便据文义及他本，加以改正。譬如：《文臣》篇"朱轓皂盖，仰郡守之威仪"句之"郡守"，原本作"郡首"；《身体》篇"百体惟血肉之躯"句之"惟"，原本作"非"；《人事》篇"下强上弱，曰尾大不掉"句之"下强上弱"，原本作"上强下弱"；《释道鬼神》篇"鹫岭祇园，皆属佛国"句之"祇园"，原本作"祇园"。有些错字，可据语典文献出处判断，我们便据相关文献及他本改正，并在注中加以说明。譬如：《女子》篇"戴女之练裳竹笥"句之"练"字，原本误作"练"；《身体》篇"伤胸扪足，计安众士之心"句之"胸"字，原本误作"心"；《器用》篇"忘归，矢之别名"句之"忘"字，原本误作"亡"。有一些历史人名，因有正史依据，我们也对原本的错字，加以改正。譬如：《文臣》篇"郭伋为并州守，童儿有竹马之迎"句之"郭伋"，原本作"郭汲"；《叔侄》篇"吾家龙文，杨昱比美侄儿"

句之"杨昱"，原本误作"杨素"；《人事》篇"李义府阴柔害物，人谓之笑里藏刀"之"李义府"，原本误作"李义甫"。

对于各版本中存在的一些重要异文，我们详列于注中，而不径改原本。譬如：《天文》篇"月着蟾蜍，是皓魄之精光"句，他本多作"月里蟾蜍，是月魄之精光。"《老寿幼诞》篇"梦兰叶吉，郑文公之妾生穆公之奇；英物称奇，温峤闻声知桓温之异"联，他本或作"梦兰叶吉兆，郑燕姞生穆公之奇；英物试啼声，晋温峤知桓公之异"。这些地方，我们不改原本，但在注中详列异文。

原本有些语词相对生僻，但我们不因此而改字。譬如《祖孙父子》篇"宁馨、英畏，皆是羡人之儿"句之"英畏"，《鸟兽》篇"家豹、乌圆，乃猫之誉"句之"家豹"，"事多，曰猬务"句之"猬务"，皆相对生僻，他本或改作"英物""家狸""猬集"，我们并不据他本而改原本。至如《文事》篇"高仁裕多诗，时人谓之诗窖"之"高仁裕"，他本或作"王仁裕"。"王仁裕"名列正史，自是优于"高仁裕"。但考虑到其他历史文献亦有作"高仁裕"者，我们在注释中详加辨析，但并不径改原本，亦是持传闻异辞、两存其说之态度。再如《女子》篇"齐女致祊庙之毁"句，可考文献只说蜀公主，不说齐公主。我们的处理方法，也是注中详辨，而不改原文。

据相关文献考证，原本有些字词表述实际上并不准确。譬如和历史人物相关的，譬如《婚姻》篇"蓝田种玉，雍伯之缘"及《珍宝》篇"雍伯多缘，种玉于蓝田而得美妇"之"雍伯"，当为"伯雍"之倒文；《婚姻》篇"汉武对景帝论妇，欲将金屋贮娇"，当事人是馆陶长公主，而非汉景帝；《衣服》篇"孟尝君珠履三千客"，当事人是春申君，而非孟尝君；《制作》篇"武王作象棋，以象战斗"，当事人是周武帝，而非周武王；《鸟兽》篇"楚王式怒蛙"，当事人是越王，而非楚王；《人事》篇"一统之世，真是胡越一家，唐高祖之时"，时代应是唐太宗之时，而非唐高祖之时；《技艺》篇"孔明造木牛，辅刘备运粮之计"，诸葛亮造木牛运粮，在刘禅为帝时，而非刘备在世之时。对于原文的表述错误，我们在注释里加以辨析，但并不径改原文。至如《衣服》篇"锦帐四十里，富羡石崇"句，"锦帐"当作"锦障"，"四十里"当为"五十里"；《鸟兽》篇"豕名刚鬣，又曰乌喙将军"句，"乌喙将军"似应作"长喙参军"，我们的处理办法也是注释辨析，而不改原文。

《幼学琼林》是一部讲成语典故的书。《幼学琼林》在清代出现过很多注释本，这些注本都很注重成语典故的文献出处考查。我们在注释时，自不得不遵从这一传统。凡是作为成词出现的语典，皆详列文献出处，且尽可能列最早出处，同时兼顾文献出处的影响力。譬如，《幼学琼林》中有很多语典出自《世说新语》一书，但亦可能同时见于《晋书》（一般是某个人物的本传），我们的处理方法是，详列《世说新语》某篇引文作为文献出处，只在《晋书》所载有较大异文参考价值时，附列《晋书》引文于后；若《晋书》所载大抵与《世说新语》雷同，则不引《晋书》，而仅加一句："《晋书》（某篇）亦载。"这是因为《世说新语》成书年代早于《晋书》，且是文人必读书，实际影响力亦在《晋书》之上。宋代的语典，往往可以在众多文献中找到出处，有一些难以判断其原始出处，我们的处理方式是详列相对明白晓畅的文献出处，但同时说明亦见于哪些文献。若同时见于《宋史》，往往提一句，但不将《宋史》作为原始出处。若同时见于朱熹、李幼武《宋名臣言行录》，也会专门提一句，因为该书实际影响力可能远超其他文献。

《幼学琼林》在性质上亦是一部类书，编写之时想必参考过历代重要类书。有一些文献出处，仅见于某部类书，我们便列该类书某篇作为文献出处。有一些文献出处，类书说出自某书，但并不见载于今传本该书，我们也会专门说明。

《幼学琼林》的某些语典或故事，我们实在找不到文献出处，便只好引用旧注。譬如《人事》篇"破麦、破梨，见夫见子之奇梦"句之"破麦""破梨"，出处不详，然旧注言之凿凿，似有所据，故详录旧注。

程邹本旧注考查语典出处，不可谓不详尽，但旧注最大的问题是，列文献出处，往往只列书名而不及篇名，且引文大抵节录，甚至妄改原文。我们在注释时，凡文献出处，书名之外，一例具体到篇名或卷次，引文尽可能引全，能不节录则不节录，绝不妄改原文。语典类文献出处，相对容易解决。故事类，则根据具体情况，区别对待。若篇幅过长，则亦可能节录。若篇幅太长，且是小说传记性质，则亦采用檃括原文的方式。

《幼学琼林》一书中的语典，有相当大的一部分出自正经正史。我们在注释时，对相关文献的古注也格外关注。凡是出自"四书""五经"的语典，在语词释义时，我们一般会引用汉注唐疏及宋代朱子注。"四书""五经"之外的经典，凡是有古注的，在对语典做语词释义时，我们亦大量引用，譬如《国语》韦昭注、《史记》三家注、《汉书》颜师古注、《庄子》郭象注及成玄英疏、《楚辞》王逸注、《文选》六臣注等。因为这些古注极具权威性，对历代文人影响极大。

《幼学琼林》一书成语典故出处所涉文献过广，而鄙人腹笥太简、萧斋藏书不丰，故不得不借助于网络及数据库，所据以搜韵网"古籍检索"为主，而该数据库以"四库"全书本为尤多。

本书注释部分文献出处，坊间凡有整理本可参考者，多以为据。若无整理本，则多据数据库，而以有影印件者为优先。所据文献，多照录，一般不另作校勘。

本书初稿工作，由万希女史承担。全部修订工作，由笔者一力承担。才疏学浅，事非暇豫，错漏之处，自知不免，还望大德君子不吝赐教。

檀作文

壬寅暮秋于京西雊诵堂

卷一

天文

【题解】

唐代类书《艺文类聚》《初学记》，皆首列《天部》，《幼学琼林》仿其体例，首列《天文》。

本篇共32联，皆和天象有关，内容涉及天地的起源、日月星辰的别名以及相关成语典故。本篇所据文献出处，颇有一些采自道教典籍；亦广采《艺文类聚》《初学记》《太平御览》等类书。

混沌初开，乾坤始奠。

气之轻清上浮者为天，气之重浊下凝者为地①。

日月五星，谓之七政②；天、地与人，谓之三才③。

【注释】

①"混沌（dùn）初开"四句：语本《淮南子·天文训》："宇宙生气，气有涯垠。清阳者薄靡而为天，重浊者凝滞而为地。"暨《初学记（卷一）·天部上·天》引《河图括地象》云："易有太极，是生两仪。两仪未分，其气混沌；清浊既分，伏者为天，偃者为地。"又，

《艺文类聚（卷一）·天部上·天》引三国吴·徐整《三五历纪》曰："天地混沌如鸡子，盘古生其中，万八千岁，天地开辟，阳清为天，阴浊为地。"《太平御览（卷二）·天部二·天部下》亦引之。《河图括地象》乃汉代谶纬之书，东汉·郑玄曾为之作注，影响极大，唐·孔颖达《礼记正义》曾引之。唐末《无能子·圣过》："天地未分，混沌一气。一气充溢，分为二仪，有清浊焉，有轻重焉。轻清者上为阳，为天；重浊者下为阴，为地矣。"可视为古代中国天地形成观之总结。混沌，亦作"浑沌"。古代传说中指天地开辟前元气未分、模糊一团的状态。宋·张君房《云笈七签（卷二）·混元混洞开辟劫运部·混沌》："《太始经》云：'昔二仪未分之时，号曰"洪源"。溟涬濛鸿，如鸡子状，名曰"混沌"。'"乾坤，指天地。《周易·说卦》："乾为天，……坤为地。"奠（diàn），定。《周易·系辞上》："天尊地卑，乾坤定矣。"气，指元气，即天地未分之前的混沌之气。凝，凝结，凝固，积聚。

②日月五星，谓之七政：语本《尚书·舜典》："舜让于德，弗嗣。正月上日，受终于文祖。在璇玑玉衡，以齐七政。"西汉·孔安国传："七政，日月五星各异政。"唐·孔颖达疏："七政，其政有七，于玑衡察之，必在天者，知'七政'谓日月与五星也。木曰'岁星'，火曰'荧惑星'，土曰'镇星'，金曰'太白星'，水曰'辰星'。《易·系辞》云：'天垂象，见吉凶，圣人象之。'此日月五星有吉凶之象，因其变动为占。七者各自异政，故为'七政'。得失由政，故称'政'也。舜既受终，乃察玑衡，是舜察天文，齐七政，以审已之受禅当天心与否也。"五星，指金、木、水、火、土五大行星。七政，指日、月和金、木、水、火、土五星。古人认为日月与五星有异象，是人间政事有得失的征兆。

③天、地与人，谓之三才：语本《周易·系辞下》："《易》之为书也，广大悉备。有天道焉，有人道焉，有地道焉。兼三才而两之，故六。

六者非它也，三才之道也。道有变动，故曰爻；爻有等，故曰物；物相杂，故曰文；文不当，故吉凶生焉。"暨《周易·说卦》："昔者圣人之作《易》也，将以顺性命之理。是以立天之道，曰阴与阳；立地之道，曰柔与刚；立人之道，曰仁与义。兼三才而两之，故《易》六画而成卦。分阴分阳，迭用柔刚，故《易》六位而成章。"三才，指天、地、人。天能覆物，地能载物，人能成物。中国古代世界观，认为人为万物之灵，能参天地造化，故与天地并称"三才"。

【译文】

混沌的宇宙才刚刚开辟，天和地便分别成形并各有定名。

那些轻盈而清净的阳气，向上浮升，便形成了天；那些厚重而浑浊的阴气，向下沉降，便形成了地。

太阳、月亮和金、木、水、火、土五星，并称"七政"；天、地和人，并称"三才"。

日为众阳之宗，月乃太阴之象[①]。

虹名螮蝀，乃天地之淫气[②]；月着蟾蜍，是皓魄之精光[③]。

风欲起而石燕飞[④]，天将雨而商羊舞[⑤]。

旋风名为羊角[⑥]，闪电号曰雷鞭[⑦]。

青女乃霜之神[⑧]，素娥即月之号[⑨]。

【注释】

①日为众阳之宗，月乃太阴之象：语本《后汉书·天文志上》"言其时星辰之变"，南朝梁·刘昭注引东汉·张衡《灵宪》："日者，阳精之宗；月者，阴精之宗。"暨《晋书·天文志》："日为太阳之精，主生恩德，人君之象也。……月为太阴之精，以之配日，女主之象。以之比德，刑罚之义；列之朝廷，诸侯大臣之类。"可与《淮南

子·天文训》"积阳之热气生火,火气之精者为日;积阴之寒气为水,水气之精者为月"参看。又,《汉书·孔光传》:"日者,众阳之宗,人君之表,至尊之象。"《汉书·李寻传》:"夫日者,众阳之长,辉光所烛,万里同晷,人君之表也。"众阳,宇宙间各种使万物萌动生长的阳气。宗,宗主,领袖。太阴,纯阴,至阴。象,具象。

② 虹名螮蝀(dì dōng),乃天地之淫气:语本宋·朱熹《诗集传》(《鄘风·蝃蝀》篇"蝃蝀在东,莫之敢指"):"蝃蝀,虹也。日与雨交,倏然成质,似有血气之类,乃阴阳之气不当交而交者,盖天地之淫气也。"中国古人以虹为不祥之兆。螮蝀,虹的别名。淫气,淫邪妄行之气。

③ 月着(zhuó)蟾蜍(chán chú),是皓魄之精光:语本《淮南子·精神训》:"日中有踆乌,而月中有蟾蜍。"暨《史记·龟策列传》:"孔子闻之曰:'神龟知吉凶,而骨直空枯。日为德而君于天下,辱于三足之乌。月为刑而相佐,见食于虾蟆。'"又,东汉·张衡《灵宪》:"羿请不死之药于西王母,姮娥窃之以奔月。将往,枚筮之于有黄。有黄占之曰:'吉。翩翩归妹,独将西行。逢天晦芒,毋惊毋恐,后其大昌。'姮娥遂托身于月,是为蟾蜍。"《搜神记》卷十四亦载之。中国自古就有月中有蟾蜍之传说。一说,蟾蜍乃后羿妻嫦娥所化。着,附着。蟾蜍,古书亦作"蟾蜍",俗称"癞蛤蟆"。皓魄,指月魄。旧注:"月之光为魂,月之质为魄。"当本之于《朱子语类》卷三:"又问:'月魄之魄,岂只指其光而言之,而其轮则体耶?'曰:'月不可以体言,只有魂魄耳。月魄即其全体,而光处乃其魂之发也。'"又,道教术语,有"阳神日魂""阴神月魄"之说。东汉·魏伯阳《周易参同契·养性立命章》:"人所禀躯,体本一无。元精云布,因气托初。阴阳为度,魂魄所居。阳神日魂,阴神月魄。魂之与魄,互为室宅。"宋·陈显微《周易参同契解》曰:"魂为阳神,魄为阴神。魂以昼为室,魄以夜为宅。"

宋·张君房《云笈七签（卷六十三）·金丹部·旨教五行内用诀》曰："阴之精，月魄也。"则月魄指阴精、阴神。月为阴之极，故亦称月为"月魄"。精光，耀眼的光辉。此句"皓魄"，他本多作"月魄"。此句，他本多作"月里蟾蜍，是月魄之精光"。

④风欲起而石燕飞：语本《艺文类聚（卷九十二）·鸟部下·燕》："《湘中记》曰：'零陵有石燕，形似燕，得雷风则飞，颉颃如真燕。'"《初学记（卷一）·天部上·风》："庾仲雍《湘州记》曰：'零陵山有石燕，遇雨则飞；雨止还化为石也。'"该书卷二《天部下·雨》复引之。该书卷五《地理上·石》："顾凯之《启蒙记》曰：'零陵郡有石燕，得风雨则飞，如真燕。'"《太平御览》卷九《天部九·风》、卷十《天部十·雨》、卷四十九《地部十四·石燕山》、卷五十二《地部十七·石下》、卷一百七十一《州郡部十七·永州》、卷九百二十二《羽族部九·燕》皆载零陵山石燕之说，而所据出处不一，有出自庾仲雍《湘州记》、甄烈《湘州记》、罗含《湘中记》、顾凯之《启蒙记》等各种说法。顾凯之、庾穆之（字仲雍）、甄烈、罗含（字君章），皆为东晋或晋宋之际人。又，北魏·郦道元《水经注·湘水》："流径石燕山东，其山有石，绀而状燕，因以名山。其石或大或小，若母子焉。及其雷风相薄，则石燕群飞，颉颃如真燕矣。罗君章云'今燕不必复飞也'。"石燕，似燕之石。湘水流域零陵郡（今湖南永州宁远）有石燕山，风雨之时，山石群飞而似燕，故名。

⑤天将雨而商羊舞：语本《孔子家语·辩政》："齐有一足之鸟，飞集于宫（公）朝下，止于殿前，舒翅而跳。齐侯大怪之，使使聘鲁问孔子。孔子曰：'此鸟名曰商羊，水祥也。昔童儿有屈其一脚，振讯两眉而跳。且谣曰："天将大雨，商羊鼓舞。"今齐有之，其应至矣。急告民趋治沟渠，修堤防，将有大水为灾。'顷之大霖，雨水溢泛。诸国伤害民人，唯齐有备不败。"《说苑·辨物》亦载。商

羊，传说中的一种鸟，大雨前，常屈一足起舞。

⑥旋风名为羊角：语本《庄子·逍遥游》："有鸟焉，其名为鹏，背若太山，翼若垂天之云，抟扶摇羊角而上者九万里，绝云气，负青天，然后图南，且适南冥也。"唐·成玄英疏："旋风曲戾，犹如羊角。"羊角，羊的角，亦指旋风。旋风盘旋，状如羊角，故名之。

⑦闪电号曰雷鞭：旧注："《淮南子》：雷电为鞭。电光照处，谓之'列缺'。"今按，传本《淮南子》无此语。旧注或本于《淮南子·原道训》："令雨师洒道，使风伯扫尘；电以为鞭策，雷以为车轮。"《梁书·梁元帝本纪》载王僧辩奉《劝进表》："臣闻星回日薄，击雷鞭电者之谓天。"

⑧青女乃霜之神：语本《淮南子·天文训》："至秋三月，地气不藏，乃收其杀，百虫蛰伏，静居闭户，青女乃出，以降霜雪。"东汉·高诱注："青女，天神青霄玉女主霜雪也。"青女，传说中掌管霜雪的女神。

⑨素娥即月之号：南朝宋·谢庄《月赋》："引玄兔于帝台，集素娥于后庭。"唐·李周翰注："嫦娥窃药奔月，因以为名。月色白，故云'素娥'。"素娥，嫦娥的别称。亦用作"月"的代称。

【译文】

太阳是天地间所有阳气的领袖，月亮是至阴的具象。

彩虹又称"蝃蝀"，由天地间的淫邪妄行之气交汇而成；月宫里有蟾蜍，月光是太阴精华的凝聚显现。

要刮风的时候，零陵石燕山上的石头燕子就会飞起来；天将下雨的时候，商羊鸟就会乱舞。

旋风叫作"羊角"，闪电称为"雷鞭"。

"青女"原是主管降霜的神灵，"素娥"就是嫦娥，也是月亮的别名。

雷部至捷之鬼，曰律令①；雷部推车之女，曰阿香②。

云师系是丰隆③，雪神乃是滕六④。

欻火、谢仙，俱掌雷火⑤；飞廉、箕伯，悉是风神⑥。

列缺乃电之神⑦，望舒是月之御⑧。

甘霖、甘澍，俱指时雨⑨；玄穹、彼苍，悉称上天⑩。

【注释】

①雷部至捷之鬼，曰律令：语本唐·李匡乂《资暇集》卷中："符祝之类末句'急急如律令'者，人皆以为如饮酒之律令，速去不得滞也。一说，汉朝每行下文书，皆云'如律令'，言非律非令之文书，行下当亦如律令。故符祝之类末句有'如律令'之言。并非也。案：'律令'之'令'字，宜平声读为'零'。（音若毛诗"卢重令"之"令"，若人姓"令狐"氏之"令"也。）律令是雷边捷鬼，学者岂不知之？此鬼善走，与雷相疾速，故云如此鬼之疾走也。"律令，道教鬼神名。以迅速善走著称，隶属于雷部。清·纪昀《阅微草堂笔记·滦阳消夏录五》："雷部鬼律令行最疾，何不遣取？"旧注："《搜神记》：'律令，周穆王时人，善走，死为雷部小鬼。'"今按，传本《搜神记》无此语，不知旧注何据。

②雷部推车之女，曰阿香：语本（旧题）晋·陶潜《续搜神记》卷五："永和中，义兴人姓周，出都，乘马，从两人行。未至村，日暮。道边有一新草小屋，一女子出门，年可十六七，姿容端正，衣服鲜洁。望见周过，谓曰：'日已向暮，前村尚远，临贺讵得至？'周便求寄宿。此女为燃火作食。向一更中，闻外有小儿唤'阿香'声，女应诺。寻云：'官唤汝推雷车。'女乃辞行，云：'今有事当去。'夜遂大雷雨。向晓，女还。周既上马，看昨所宿处，止见一新冢，冢口有马尿及余草。周甚惊惋。后五年，果作临贺太守。"《续搜神记》一书，或系托伪陶潜所作，且唐后已不存，传本或经后人增益。然唐代类书，《艺文类聚（卷二）·天部下·雷》《初学记（卷

一）·天部上·雷》皆引之,并云出自《续搜神记》,当为可靠。《太平御览(卷十三)·天部十三·雷》引之,云出自《搜神记》。《太平广记(卷三百十九)·鬼四·周临贺》引之,云出自《法苑珠林》。阿香,神话传说中推雷车的女鬼。

③云师系是丰隆:语本《楚辞·离骚》"吾令丰隆乘云兮,求宓妃之所在"东汉·王逸注曰:"丰隆,云师。"云师,即云神。丰隆,云神名。一说为雷神名。《淮南子·天文训》:"季春三月,丰隆乃出,以将其雨。"东汉·高诱注:"丰隆,雷也。"

④雪神乃是滕(téng)六:据唐·牛僧孺《玄怪录·萧志忠》与《太平广记(卷四百四十一)·畜兽八·杂兽·萧志忠》记载,萧至忠景云元年(710)为晋州刺史,依惯例,将在腊日畋猎。头天,山中群兽求被贬谪的仙人黄冠严四兄帮忙,以美女贿赂雪神滕六,以美酒贿赂风神巽二,令风雪大作,萧至忠为之罢猎。滕六,传说中的雪神名。

⑤欻(xū)火、谢仙,俱掌雷火:语本明·阙名《法海遗珠(卷十一)·飞罡交乾布斗诀》:"雷霆电光,乃阴阳激抟之气。有神人谢仙火,即七十二部风火之总领也。又有欻火大神邓伯温,发施号令之威,焚妖伐庙,致雨作晴,即雷部律令之元帅也。"又,"谢仙火"在宋代极有名,不独为道教徒所知。宋·欧阳修《集古录跋尾·谢仙火》:"右'谢仙火'字,在今岳州华容县废玉真宫柱上,倒书而刻之,不知何人书也。传云:大中祥符中,玉真宫为天火所焚,惟留一柱有此字。好事者遂模于石。庆历中,衡山女子号何仙姑者,绝粒轻身,人皆以为仙也。有以此字问之者,辄曰:'谢仙者,雷部中鬼也。夫妇皆长三尺,其色如玉,掌行火于世间。'后有闻其说者,于道藏中检之,云实有'谢仙'名字,主行火,而余说则无之。"宋·张耒《明道杂志》:"世传谢仙火字云,谢仙是雷部中神名,主行火。"欻火,古人认为雷火本来是因风而起的,所以

道教称雷部之鬼为"欻火"。欻火大神邓伯温之名,屡见于道教典籍。欻,迅疾的样子。谢仙,雷部中神名。主行火。

⑥飞廉、箕(jī)伯,悉是风神:飞廉,风神名。一说能致风的神禽名。《楚辞·离骚》:"前望舒使先驱兮,后飞廉使奔属。"东汉·王逸注:"飞廉,风伯也。"宋·洪兴祖补注:"《吕氏春秋》曰:'风师曰"飞廉"。'东汉应劭曰:'飞廉,神禽,能致风气。'"箕伯,风神名。《文选·张衡〈思玄赋〉》:"属箕伯以函风兮,惩淟涊而为清。"唐·李善注引《风俗通义》:"风师者,箕星也,主簸物,能致风气也。"

⑦列缺:闪电名。西汉·司马相如《大人赋》:"贯列缺之倒景兮,涉丰隆之滂沛。"《史记·司马相如列传》南朝宋·裴骃集解引《汉书音义》:"列缺,天闪也。"又,《艺文类聚(卷二)·天部下·电》:"《山海经》曰:列缺,电名。"

⑧望舒:神话中为月驾车之神名。《楚辞·离骚》:"前望舒使先驱兮,后飞廉使奔属。"东汉·王逸注:"望舒,月御也。"又,《初学记(卷一)·天部上·月》:"《淮南子》云:月,一名'夜光'。月御曰'望舒',亦曰'纤阿'。"

⑨甘霖、甘澍(shù),俱指时雨:甘霖、甘澍,皆指利于植物生长的及时好雨。霖,特指连下三日以上的雨。《尚书·说命上》:"若岁大旱,用汝作霖雨。"西汉·孔安国传:"霖,三日雨。霖以救旱。"《尔雅·释天》:"淫,谓之'霖'。"晋·郭璞注:"雨自三日已上为霖。"澍,《说文解字》:"时雨也。所以树生万物者也。"时雨,应时的雨水。《尚书·洪范》:"曰肃,时雨若。"唐·孔颖达疏:"人君行敬,则雨以时而顺之。"《孟子·尽心上》:"君子之所以教者五:有如时雨化之者。……"朱子集注:"时雨,及时之雨也。草木之生,播种封植,人力已至而未能自化,所少者,雨露之滋耳。及此时而雨之,则其化速矣。"

⑩玄穹(qióng)、彼苍,悉称上天:语本《尔雅·释天》:"穹苍,苍天

也。"晋·郭璞注："天形穹隆，其色苍苍，因名云。"因天似穹庐，呈苍（青）色，故古人称之为"玄穹""彼苍"。玄穹，天空，天幕。玄，天。晋·张华《壮士篇》："长剑横九野，高冠拂玄穹。"彼苍，上天。《诗经·秦风·黄鸟》："彼苍者天，歼我良人。"唐·孔颖达疏："彼苍苍者，是在上之天。"后因以代称"天"。

【译文】

雷部迅捷善走的鬼，叫作"律令"；负责推雷车的女子，名唤"阿香"。

云师就是"丰隆"，雪神就是"滕六"。

"焱火"和"谢仙"，都掌管雷火；"飞廉"和"箕伯"，都是风神。

"列缺"是主管闪电的神灵，"望舒"是为月驾车的神灵。

"甘霖"和"甘澍"，都是指及时雨；"玄穹"和"彼苍"，都是对上天的称呼。

雪花飞六出，先兆丰年①；日上已三竿②，乃云时晏③。

蜀犬吠日，比人所见甚稀④；吴牛喘月，笑人畏惧过甚⑤。

望切者，若云霓之望⑥；恩深者，如雨露之恩⑦。

参、商二星，其出没不相见⑧；牛、女两宿，惟七夕一相逢⑨。

后羿妻，奔月宫而为嫦娥⑩；傅说死，其精神托于箕、尾⑪。

【注释】

①雪花飞六出，先兆丰年：语本《文选·谢惠连〈雪赋〉》："盈尺则呈瑞于丰年，袤丈则表沴于阴德。"唐·李善注引西汉·毛苌《诗传》曰："丰年之冬，必有积雪。"《诗经·小雅·信南山》："上天同云，雨雪雰雰，益之以霡霂。既优既渥，既沾既足，生我百谷。"毛传："雰雰，雪貌。丰年之冬，必有积雪。"孔疏："谓明年将丰，今

冬积雪为宿泽也。"冬雪多被视为丰年的预兆，自古有瑞雪兆丰年之说。六出，花分瓣叫"出"，雪花六角，因以为雪的别名。《艺文类聚（卷二）·天部下·雪》引《韩诗外传》："凡草木花多五出，雪花独六出。"《初学记（卷二）·天部下·雪》《太平御览（卷十二）·天部十二·雪》亦引。

②日上已三竿：太阳升起来离地已有三根竹竿那么高。多用以形容天已大亮，时间不早。《南齐书·天文志上》："永明五年十一月丁亥，日出高三竿，朱色赤黄。"

③时晏（yàn）：时候不早了。晏，晚，迟。

④蜀（shǔ）犬吠（fèi）日，比人所见甚稀：语本唐·柳宗元《答韦中立论师道书》："屈子赋曰：'邑犬群吠，吠所怪也。'仆往闻庸蜀之南，恒雨少日，日出则犬吠。"蜀地多雾，常年见不到太阳，每逢日出，狗都惊叫。后以"蜀犬吠日"比喻少见多怪。

⑤吴牛喘（chuǎn）月，笑人畏惧过甚：语本《太平御览（卷四）·天部四·月》引东汉·应劭《风俗通义》："吴牛望见月则喘；使之苦于日，见月怖，喘矣！"南朝宋·刘义庆《世说新语·言语》："满奋畏风。在晋武帝坐，北窗作琉璃屏，实密似疏，奋有难色。帝笑之，奋答曰：'臣犹吴牛，见月而喘。'"南朝梁·刘孝标注："今之水牛，唯生江淮间，故谓之'吴牛'也。南土多暑，而此牛畏热，见月疑是日，所以见月则喘。"水牛怕热，夏天见到月亮以为是太阳，气急而喘，比喻因疑似而惧怕。吴牛，即水牛，因生在吴地而称"吴牛"。

⑥望切者，若云霓（ní）之望：语本《孟子·梁惠王下》："《书》曰：'汤一征，自葛始。'天下信之。东面而征，西夷怨；南面而征，北狄怨。曰：'奚为后我？'民望之，若大旱之望云霓也。"东汉·赵岐注："霓，虹也。雨则虹见，故大旱而思见之。"云霓，即雨后出现的彩虹。大旱时若彩虹出现，则表示下了雨。因此，久旱不雨时，人们渴望见到彩虹。后用"云霓之望"比喻十分迫切地期盼。

⑦恩深者，如雨露之恩：受到的恩情有如万物受到雨露的滋润。雨露，比喻恩泽、恩情。唐·刘禹锡《苏州谢上表》："江海远地，孤危小臣。虽雨露之恩，幽遐必被；而犬马之恋，亲近为荣。"

⑧参（shēn）、商二星，其出没不相见：语本《左传·昭公元年》："昔高辛氏有二子，伯曰'阏伯'，季曰'实沈'，居于旷林，不相能也。日寻干戈，以相征讨。后帝不臧，迁阏伯于商丘，主辰。商人是因，故辰为商星。迁实沈于大夏，主参。唐人是因，以服事夏、商。"相传高辛氏有两个儿子，长子阏伯，次子实沈，两人争斗不休，于是高辛氏只好将阏伯迁往东方商丘，主商，将实沈迁往西方大夏，主参。从此两人永不得相见。参商，参星和商星。参星在西，商星在东，此出彼没，永不相见。

⑨牛、女两宿，惟七夕一相逢：语本《文选·曹植〈洛神赋〉》"叹匏瓜之无匹兮，咏牵牛之独处"，唐·李善注引三国魏·曹植《九咏注》曰："牵牛为夫，织女为妇。织女、牵牛之星，各处河鼓之旁。七月七日，乃得一会。"《文选·曹丕〈燕歌行〉》："牵牛织女遥相望，尔独何辜限河梁。"李善注亦引曹植《九咏注》。又，《初学记（卷四）·岁时部下·七月七日》引晋·周处《风土记》曰："七月七日，其夜洒扫于庭，露施几筵，设酒脯时果，散香粉于河鼓、织女，言此二星神当会。"《太平御览（卷三十一）·时序部十六·七月七日》亦引之。又，南朝梁·吴均《续齐谐记》："桂阳成武丁有仙道，常在人间，忽谓其弟曰：'七月七日，织女当渡河，诸仙悉还宫。吾向已被召，不得停，与尔别矣。'弟问曰：'织女何事渡河？去当何还？'答曰：'织女暂诣牵牛。吾复三年当还。'明日，失武丁。至今云'织女嫁牵牛'。"《艺文类聚（卷四）·岁时部中·七月七》《初学记（卷四）·岁时部下·七月七日》《太平御览（卷三十一）·时序部十六·七月七日》皆引之。牛、女两宿，指牛郎星和织女星。两星隔银河相对。神话传说织女是天帝孙女，长年织

造云锦，自嫁河西牛郎后，就不再织。天帝责令两人分离，每年只准于七月七日在天河上相会一次，俗称"七夕"。相会时，喜鹊为他们搭桥，谓之"鹊桥"。古俗在这天晚上，妇女们要穿针乞巧。《史记·天官书》："南斗为庙，其北建星。建星者，旗也。牵牛为牺牲。其北河鼓。河鼓大星，上将；左右，左右将。婺女，其北织女。织女，天女孙也。"唐·司马贞索隐："织女，天孙也。"《太平御览·天部六·星》："河鼓三星，在牵牛北，主军鼓。盖天子三将军也，中央大将军也，其南左星，左将军也，其北右星，右将军也，所以备关梁而拒难也。昔传牵牛织女七月七日相见者，则此是也，故《尔雅》云：河鼓谓之'牵牛'。"

⑩后羿（yì）妻，奔月宫而为嫦娥：语本《后汉书·天文志上》"言其时星辰之变"，南朝梁·刘昭注引东汉·张衡《灵宪》："羿请不死之药于西王母，姮娥窃之以奔月。将往，枚筮之于有黄。有黄占之曰：'吉。翩翩归妹，独将西行。逢天晦芒，毋惊毋恐，后其大昌。'姮娥遂托身于月，是为蟾蜍。"《搜神记》卷十四亦载之。后羿，神话传说中的上古英雄。相传尧时十日并出，植物枯死，封豕长蛇为害，羿射去九日，射杀封豕长蛇，民赖以安。见《淮南子·本经训》《淮南子·览冥训》。又或为上古夷族的首领，善射。相传夏太康沉湎于游乐，羿推翻其统治，自立为君，号有穷氏。不久因喜狩猎，不理民事，为其臣寒浞所杀。见《尚书·五子之歌》《左传·襄公四年》《楚辞·离骚》《史记·吴太伯世家》。嫦娥，神话传说中的月中仙子。相传是后羿之妻。嫦娥，本作"姮娥"，或作"恒娥"，后因避汉文帝刘恒讳，改作"常娥""嫦娥"。

⑪傅说（yuè）死，其精神托于箕、尾：语本《庄子·大宗师》："傅说得之，以相武丁，奄有天下，乘东维，骑箕、尾，而比于列星。"唐·陆德明释文："司马云：'傅说，殷相也。武丁，殷王高宗也。东维，箕斗之间，天汉津之东维也。《星经》曰：傅说一星在尾上，

言其乘东维,骑箕、尾之间也。'崔云:'傅说死,其精神乘东维,托龙尾,乃列宿。今尾上有傅说星。'"傅说,商王武丁的大臣。精神,此处指魂魄。箕、尾,箕星和尾星。传说傅说死后精神寄托在箕、尾两个星宿之间,成为傅说星。

【译文】

六个瓣的雪花飘落,是丰收年成的好兆头;太阳已升到三竿的高度,表示时候已经不早了。

"蜀犬吠日",比喻人见识太少;"吴牛喘月",用来嘲笑人过分恐惧。

期盼殷切,好比"云霓之望";恩泽深厚,有如"雨露之恩"。

参星与商星二星,此出彼没,永不相见;牛郎和织女二宿,隔着银河,每年只有七夕才能见上一面。

后羿的妻子成仙,飞到月宫里成为嫦娥;傅说死后,他的灵魂寄托在箕、尾二星之间。

披星戴月,谓早夜之奔驰①;沐雨栉风,谓风尘之劳苦②。

事非有意,譬如云出无心③;恩可遍施,乃曰阳春有脚④。

馈物致敬⑤,曰敢效献曝之忱⑥;托人转移⑦,曰全赖回天之力⑧。

感救死之恩,曰再造⑨;诵再生之德,曰二天⑩。

【注释】

①披星戴月,谓早夜之奔驰:语本《吕氏春秋·开春论·察贤》:"宓子贱治单父,弹鸣琴,身不下堂,而单父治。巫马期以星出,以星入,日夜不居,以身亲之,而单父亦治。"《说苑·政理》亦载之。后因以"戴星"为称扬吏治或能吏之典。元明时期,衍为"披星戴月",为诗文习用语。披星戴月,顶着星月奔走,形容早出晚归

或夜行。奔驰,奔波,奔走。

②沐雨栉(zhì)风,谓风尘之劳苦:语本《庄子·天下》:"昔禹之湮洪水,决江河而通四夷九州也。名山三百,支川三千,小者无数。禹亲自操橐耜而九杂天下之川;腓无胈,胫无毛,沐甚雨,栉疾风,置万国。禹大圣也,而形劳天下也如此。"唐·成玄英疏:"赖骤雨而洒发,假疾风而梳头,勤苦执劳,形容毁悴。遂使腓股无肉,膝胫无毛。"沐雨栉风,雨洗头,风梳发,形容人经常在外面不避风雨地辛苦奔波。栉,梳理头发。

③事非有意,譬(pì)如云出无心:语本晋·陶渊明《归去来辞》:"云无心以出岫,鸟倦飞而知还。"云出无心,比喻事情并非有意为之。

④恩可遍施,乃曰阳春有脚:语本五代·王仁裕《开元天宝遗事·有脚阳春》:"宋璟爱民恤物,朝野归美,时人咸谓璟为有脚阳春,言所至之处,如阳春煦物也。"唐代贤臣宋璟爱护百姓,人们称他为"有脚阳春",意思是他走到哪里,就把春天带到哪里。后便以"阳春有脚"称誉有德政的贤明官员。

⑤馈(kuì)物:赠送礼品。致敬:表达敬意。

⑥献曝(pù):典出《列子·杨朱》:"昔者宋国有田夫,常衣缊黂,仅以过冬。暨春东作,自曝于日,不知天下之有广厦隩室,绵纩狐貉。顾谓其妻曰:'负日之暄,人莫知者,以献吾君,将有重赏。'"春秋时期宋国有位农民发现冬天晒太阳十分舒服,就想将此法献给君主请赏。后来"献曝"一词便作为所献菲薄、浅陋,但态度至诚的谦辞。曝,晒。忱(chén):心意,情意。

⑦转移:改变(不利的局面)。

⑧回天之力:比喻能挽回形势的巨大力量。唐·吴兢《贞观政要·纳谏》:"贞观四年,诏发卒修洛阳宫之乾元殿以备巡狩。给事中张玄素上书谏曰:……太宗谓玄素曰:'卿以我不如炀帝,何如桀、纣?'对曰:'若此殿卒兴,所谓同归于乱。'太宗叹曰:'我不思量,

遂至于此。'顾谓房玄龄曰:'今玄素上表,洛阳实亦未宜修造,后必事理须行,露坐亦复何苦?所有作役,宜即停之。然以卑干尊,古来不易,非其忠直,安能如此?且众人之唯唯,不如一士之谔谔。可赐绢二百四。'魏徵叹曰:'张公遂有回天之力,可谓仁人之言,其利博哉!'"唐·刘肃《大唐新语》卷二亦载。两《唐书》张玄素本传,皆详载其事。唐贞观年间,给事中张玄素曾上书谏阻唐太宗大修洛阳宫乾元殿,魏徵赞叹张玄素有回天之力。又,《北齐书·帝纪》《北史·齐本纪下》卷末皆载:"郑文贞公魏徵总而论之曰:'……佞阉处当轴之权,婢媪擅回天之力。……'"则"回天之力",似为魏徵习用语。

⑨感救死之恩,曰再造:救死,将人从垂死的境地拯救过来。《孟子·梁惠王上》:"此惟救死而恐不赡,奚暇治礼义哉?"再造,重新给予生命。多用于表示对重大恩惠的感激。《宋书·王僧达传》:"再造之恩,不可妄属。"《资治通鉴·唐纪·唐肃宗至德二年》:"十一月,广平王俶、郭子仪来自东京,上劳子仪曰:'吾之家国,由卿再造。'"《旧唐书·郭子仪传》:"是时,河东、河西、河南贼所盗郡邑皆平,以功加司徒,封代国公,食邑千户。寻入朝,天子遣兵仗戎容迎于灞上,肃宗劳之曰:'虽吾之家国,实由卿再造。'子仪顿首感谢。"

⑩诵再生之德,曰二天:再生,再次给予生命。义同"再造"。二天,恩人。对庇护者的感恩之辞。语典出自《后汉书·苏章传》:"顺帝时,迁冀州刺史。故人为清河太守,章行部案其奸臧。乃请太守,为设酒肴,陈平生之好甚欢。太守喜曰:'人皆有一天,我独有二天。'章曰:'今夕苏孺文与故人饮者,私恩也;明日冀州刺史案事者,公法也。'遂举正其罪。州境知章无私,望风威肃。"

【译文】

"披星戴月",是说不分早晚,昼夜奔波;"沐雨栉风",是说奔波在外,风尘劳苦。

"云出无心",是用来比喻事情并非有意为之;"阳春有脚",用来形容恩泽广施。

送礼表达敬意,要自谦说"敢效献曝之忱";托人出面斡旋,要说"全赖回天之力"。

感谢他人极大的恩惠,要说"恩同再造";称颂对自己有大恩的人,要用"犹如二天"。

势易尽者若冰山①,事相悬者如天壤②。

晨星谓贤人寥落③,雷同谓言语相符④。

心多过虑,何异杞人忧天⑤;事不量力,不殊夸父追日⑥。

如夏日之可畏,是谓赵盾;如冬日之可爱,是谓赵衰⑦。

齐妇含冤,三年不雨⑧;邹衍下狱,六月飞霜⑨。

父仇不共戴天⑩,子道须当爱日⑪。

【注释】

①势易尽者若冰山:语本五代·王仁裕《开元天宝遗事·依冰山》:"杨国忠权倾天下,四方之士争诣其门。进士张彖者,陕州人也,方学有文名,志气高大,未尝干谒权贵。或有劝彖,令修谒国忠,可图显荣。彖曰:'尔辈以谓右相之势,倚靠如泰山。以吾所见,乃冰山也。或皎日大明之际,则此山当误人尔。'后果如其言。"唐玄宗时期,杨国忠贵为右相,权倾天下,士子争相巴结,进士张彖说:你们以为杨丞相是泰山一般的靠山,依我看,只不过是冰山而已,阳光强烈的时候,就会融化。唐·冯贽《云仙杂记》卷十亦载之。势,权势。冰山,因冰冻而形成的山,遇上天气转暖即消融,比喻不可长久依赖的靠山。

②悬：悬殊，差别大。天壤：天和地。比喻相隔悬殊，差别极大。晋·葛洪《抱朴子内篇·论仙》："趋舍所尚，耳目所欲，其为不同，已有天壤之觉，冰炭之乖矣。"又，《世说新语·贤媛》："王凝之谢夫人既往王氏，大薄凝之。既还谢家，意大不说。太傅慰释之曰：'王郎，逸少之子，人材亦不恶，汝何以恨乃尔？'答曰：'一门叔父，则有阿大、中郎。群从兄弟，则有封、胡、遏、末。不意天壤之中，乃有王郎！'"东晋时，才女谢道韫嫁给王凝之为妻，很看不起王凝之，说：我家的叔叔和兄弟们都这样优秀，没想到天地间，还有王郎这样的废物！又，南齐·陆厥《与沈约书》（载《南齐书·文学列传》）："《长门》《上林》，殆非一家之赋；《洛神》《池雁》，便成二体之作。孟坚精正，《咏史》无亏于东主；平子恢富，《羽猎》不累于凭虚。王粲《初征》，他文未能称是；杨修敏捷，《暑赋》弥日不献。率意寡尤，则事促乎一日；翳翳愈伏，而理赊于七步。一人之思，迟速天悬；一家之文，工拙壤隔。"

③晨星谓贤人寥落：语本唐·刘禹锡《送张盥赴举（并引）》："吾不幸，向所谓同年友，当其盛时，联袂（一作"辔"）举镳，亘绝九衢，若屏风然。今来落落，如曙（一作"晨"）星之相望。"后遂以"如晨星之相望"形容人才凋零。宋人为胜。宋·苏轼《钱君倚哀词》："岂存者之举无其人兮，辽辽如晨星之相望。"宋·袁甫《番江书堂记》："余自为童子拱立侍旁，每见师友过从，考德问业熟矣。曾未十数年，次第凋零。及余兄弟游宦四方，同志者亦往往间见。未十数年，又皆寥落，如晨星之相望。每为之慨然。"宋·陆九渊《与杨守》："某自省事以来，五十年矣。不知几易太守，其贤而可称者，惟张安国、赵景明、陈时中、钱伯同四人。殆如晨星之相望，可谓难得矣。"宋·陈亮《上孝宗皇帝第一书》："荆、襄之地，在春秋时，楚用以虎视齐、晋，而齐、晋不能屈也。……本朝二百年之间，降为荒落之邦，北连许、汝，民居稀少，土产卑薄，

人才之能通姓名于上国者,如晨星之相望。"晨星,指清晨天空中稀疏的星星。常用以比喻人或物十分稀少。宋·苏轼《祭范蜀公文》:"仁宗在位,四十二年。畦而种之,有得皆贤。既历三世,悉为名臣。今如晨星,存者几人。"寥落,形容星星稀疏的样子。《文选·谢朓〈京路夜发〉》:"晓星正寥落,晨光复泱漭。"唐·李善注:"寥落,星稀之貌也。"唐·韩愈《华山女》:"黄衣道士亦讲说,座下寥落如明星。"

④ 雷同谓言语相符:语本《礼记·曲礼上》:"毋剿说,毋雷同。"东汉·郑玄注:"雷之发声,物无不同时应者;人之言当各由己,不当然也。"又,《后汉书·桓谭传》:"略雷同之俗语,详通人之雅谋。"唐·李贤注:"雷之发声,众物同应,俗人无是非之心,出言同者谓之'雷同'。"雷同,随声附和。亦泛指相同。《楚辞·九辩》:"世雷同而炫曜兮,何毁誉之昧昧!"东汉·王逸注:"俗人群党,相称举也。论善与恶,不分析也。"东汉·刘歆《移书让太常博士》:"或怀疾妒,不考情实,雷同相从,随声是非。"

⑤ 心多过虑,何异杞(qǐ)人忧天:语本《列子·天瑞》:"杞国有人,忧天地崩坠,身亡所寄,废寝食者。"古代杞国有个人担心天会塌下来,愁得寝食难安。后遂以"杞人忧天"比喻不必要的忧虑。

⑥ 事不量力,不殊夸父追日:语本《列子·汤问》:"夸父不量力,欲追日影,逐之于隅谷之际。渴欲得饮,赴饮河、渭。河、渭不足,将走北饮大泽。未至,道渴而死。弃其杖,尸膏肉所浸,生邓林。邓林弥广数千里焉。"又,《山海经·大荒北经》:"大荒之中有山,名曰'成都载天'。有人珥两黄蛇,把两黄蛇,名曰'夸父'。后土生信,信生夸父。夸父不量力,欲追日景,逮之于禺谷,将饮河,而不足也。将走大泽,未至,死于此。"量力,即量力而行,估计自己力量的大小去做事。《左传·昭公十五年》:"力能则进,否则退,量力而行。"不殊,没有区别,一样。夸父,古代神话中的人物,相

传他不自量力，拼命追赶太阳，最后渴死在路上。

⑦"如夏日之可畏"四句：语本《左传·文公七年》："狄侵我西鄙，公使告于晋。赵宣子使因贾季问酆舒，且让之。酆舒问于贾季曰：'赵衰、赵盾孰贤？'对曰：'赵衰，冬日之日也。赵盾，夏日之日也。'"春秋时期晋国赵衰和赵盾父子俩先后为执政大臣，可两人的性格却截然不同，赵衰待人亲切和蔼，令人喜欢，因此被称为"冬日之日"；赵盾待人急躁酷厉，使人畏惧，因此被称为"夏日之日"。赵盾，亦称"赵宣子""宣孟"，春秋时晋国名臣。赵衰之子。晋襄公七年（前621），任中军元帅，遂执国政。襄公卒，灵公即位，荒淫暴虐，盾屡谏不听，灵公反欲杀之。赵盾惧祸出走，未出境，其族弟赵穿杀灵公。赵盾归，迎立晋襄公弟黑臀为晋成公，仍执国政。卒谥宣。赵衰（？—前622），字子馀，一称"孟子馀"。谥成，又称"赵成子""成季"。从公子重耳流亡在外十九年，历尽险阻艰难。助重耳回国即位为晋文公。以大功论赏，为原大夫。旋为卿，任上军之将。先后举荐先轸、栾枝等人，佐晋文公创立霸业。

⑧齐妇含冤，三年不雨：语本《汉书·于定国传》："东海有孝妇，少寡，亡子，养姑甚谨，姑欲嫁之，终不肯。姑谓邻人曰：'孝妇事我勤苦，哀其亡子守寡。我老，久累丁壮，奈何？'其后姑自经死，姑女告吏：'妇杀我母。'吏捕孝妇，孝妇辞不杀姑。吏验治，孝妇自诬服。具狱上府，于公以为此妇养姑十余年，以孝闻，必不杀也。太守不听，于公争之，弗能得，乃抱其具狱，哭于府上，因辞疾去。太守竟论杀孝妇。郡中枯旱三年。后太守至，卜筮其故，于公曰：'孝妇不当死，前太守强断之，咎党在是乎？'于是太守杀牛自祭孝妇冢，因表其墓，天立大雨，岁孰。郡中以此大敬重于公。"东海郡的孝妇被人诬陷谋杀婆婆，太守将她处死，结果东海郡大旱三年，滴雨未落。于定国之父于公引导继任的太守为之平反，才

又下雨。汉代东海郡,属于战国时的齐地,故称"齐"。

⑨邹衍(yǎn)下狱,六月飞霜:语本《文选》唐·李善注引《淮南子》:"邹衍尽忠于燕惠王,惠王信谮而系之。邹子仰天而哭,正夏而天为之降霜。"(见《文选·曹植〈求通亲表〉》"臣伏以为犬马之诚,不能动人,譬人之诚,不能动天。崩城陨霜,臣初信之。以臣心况,徒虚语耳"暨《文选·江淹〈诣建平王上书〉》"昔者贱臣叩心,飞霜击于燕地"。两引)今按,传本《淮南子》无此文。然,《艺文类聚(卷三)·岁时部上·夏》《初学记(卷二)·天部下·霜》《太平御览(卷十四)·天部十四·霜》暨卷二十三《时序部八·夏下》皆引之,出处皆据《淮南子》。又,东汉·王充《论衡·感虚》:"传书言:邹衍无罪,见拘于燕,当夏五月,仰天而叹,天为陨霜。"邹衍被燕王听信谗言抓进了监狱,因不能证明自己的清白,只有仰面朝天发出长叹,时当盛夏五月竟突然下起了霜。后多传为"六月飞霜"。邹衍(约前305—前240),一作"驺衍",战国时齐国人。居稷下,曾历游魏、燕、赵等国,见尊于诸侯。燕昭王为筑碣石宫,亲往师之。好谈天文,时人称为"谈天衍"。提出五德终始说,认为每个朝代受土、木、金、火、水五行中一行支配,依五行相克顺序而循环,而兴亡又必有先兆。又提出大九州说,以天下为八十一州,中国仅为其中之一即赤县神州,每九州为一单元,有小海绕之,大九州另有大海绕之,此外即为天地之边际。

⑩父仇不共戴天:语本《礼记·曲礼上》:"父之仇,弗与共戴天。"东汉·郑玄注:"父者,子之天。杀己之天,与共戴天,非孝子也。行求杀之,乃止。"唐·孔颖达疏:"天在上,故曰'戴'。又《檀弓》云,父母之仇,'寝苫枕干,不仕,弗与共天下也。遇诸市朝,不反兵而斗',并是不共天下也。"不共戴天,不在同一片天空下共存。比喻仇恨极深。

⑪子道须当爱日:语本西汉·扬雄《法言·孝至》:"事父母自知不足

者,其舜乎! 不可得而久者,事亲之谓也,孝子爱日。"晋·李轨注:
"无须臾懈于心。"子道,子女待父母应遵循的道德规范。爱日,指
父母健在的时日有限,子女应当珍惜,敬心奉侍。

【译文】

看似坚固,实则容易消亡的权势,就像"冰山"一样;事物之间,彼此
相差悬殊,可喻为"天壤"之别。

"晨星",是形容贤德之人稀少罕见,好比破晓时的星辰;"雷同",是
指人云亦云,说的话都一个样。

心有太多忧虑,与"杞人忧天"何来两样;做事不自量力,和"夸父
追日"全无区别。

"如夏日之可畏",说的是赵盾严酷;"如冬日之可爱",指的是赵衰
温和。

汉朝齐地有位孝妇含冤而死,上天因而震怒,三年都不下雨;战国时
候邹衍被诬陷下狱,六月盛暑天气,忽然飞起霜来。

杀父的仇人,不能和他活在同一片蓝天之下;做子女的应努力尽孝,
珍惜父母在的日子。

盛世黎民,嬉游于光天化日之下①;太平天子,上召夫
景星、庆云之祥②。

夏时大禹在位,上天雨金③;《春秋》《孝经》既成,赤虹
化玉④。

箕好风,毕好雨,比庶人愿欲不同⑤;风从虎,云从龙,
比君臣会合不偶⑥。

雨旸时若,系是休征⑦;天地交泰⑧,斯称盛世⑨。

【注释】

①盛世黎民,嬉(xī)游于光天化日之下:语本东汉·王符《潜夫论·爱日》:"国之所以为国者,以有民也。民之所以为民者,以有谷也。谷之所以丰殖者,以有人功也。功之所以能建者,以日力也。治国之日舒以长,故其民闲暇而力有余;乱国之日促以短,故其民困务而力不足。舒长者,非谓羲和安行,乃君明民静而力有余也。促短者,非谓分度损减,乃上暗下乱,力不足也。所谓治国之日舒以长者,非谒羲和而令安行也,又非能增分度而益漏刻也。乃君明察而百官治,下循正而得其所,则民安静而力有余,故视日长也。所谓乱国之日促以短者,非谒羲和而令疾驱也,又非能减分度而损漏刻也。乃君不明,则百官乱而奸宄兴,法令鬻而役赋繁,则庶民困于吏政,仕者穷于典礼,冤民就狱乃得直,烈士交私乃得保。奸臣肆心于上,乱化流行于下。君子载质而车驰,细民怀财而趋走,故视日短也。《诗》云:'王事靡盬,不遑将父。'言在古闲暇而得行孝,今迫促不得养也。孔子称'庶,则富之。既富,则教之'。是礼义生于富足,盗贼起于贫穷。富足生于宽暇,贫穷起于无日。"《后汉书·王符传》载之,而作"化国之日舒以长"。黎民,民众,百姓。《尚书·尧典》:"黎民于变时雍。"西汉·孔安国传:"黎,众。"《尔雅》亦云:"黎,众也。"光天化日,指太平盛世。光天,语典出自《尚书·益稷》:"俞哉!帝光天之下,至于海隅苍生,万邦黎献,共惟帝臣,惟帝时举。"化日,作为"化国之日"之省,语典出自《后汉书》载东汉·王符《潜夫论·爱日》。"光天"指天空晴朗。亦用以形容时局晴明。"化日"指阳光普照,明亮耀眼。亦形容上有圣君,天下皆被其德政感化。"光天""化日"二词,早期单用;四字连用,以明清俗文学为常见。

②太平天子,上召夫景星、庆云之祥:太平天子,指能治国平天下的皇帝。唐·郑棨《天开传信记》:"上为皇孙时,风表瑰异,神彩

英迈，尝于朝堂叱武攸暨曰：'朝堂我家朝堂，汝得怂蜂虿而狼顾耶！'则天闻而惊异之，再三顾曰：'此儿气概，终当为吾家太平天子也。'"景星，德星，瑞星。传说现于有道之国。西汉·董仲舒《春秋繁露·王道》："王者，人之始也。王正，则元气和顺，风雨时，景星见，黄龙下；王不正，则上变天，贼气并见。"《史记·天官书》："天精而见景星。景星者，德星也。其状无常，常出于有道之国。"唐·张守节正义："景星状如半月，生于晦朔，助月为明。见则人君有德，明圣之庆也。"庆云，五色云。古人以为喜庆、吉祥之气。《列子·汤问》："庆云浮，甘露降。"《汉书·天文志》："若烟非烟，若云非云，郁郁纷纷，萧索轮囷，是谓'庆云'。庆云见，喜气也。"

③夏时大禹在位，上天雨金：语本南朝梁·任昉《述异记》卷下："先儒说，禹时天下雨金三日。"《太平御览（卷八百十一）·珍宝部十·金》引之。夏，朝代名。中国历史上第一个世袭制王朝，由禹的儿子启在公元前二十一世纪建立，建都安邑（今山西夏县北）；传十四代，历十七君，公元前十六世纪，夏桀在位时为商汤所灭。大禹，即夏禹，是夏代开国君主。据《史记·夏本纪》，禹名文命，是黄帝之玄孙、帝颛顼之孙。因治理洪水有功，受舜帝禅让而为天子。世称为"大禹"。雨金，天上像雨似的落下金子。

④《春秋》《孝经》既成，赤虹化玉：语本晋·干宝《搜神记》卷八："孔子修《春秋》，制《孝经》，既成，斋戒，向北辰而拜，告备于天。天乃洪郁起白雾，摩地，赤虹自上而下，化为黄玉，长三尺，上有刻文。孔子跪受而读之，曰：'宝文出，刘季握。卯金刀，在轸北。字禾子，天下服。'"《春秋》，儒家经典，编年体史书名。相传孔子据鲁史修订而成。所记起于鲁隐公元年（前722），止于鲁哀公十四年（前481），凡二百四十二年。叙事极简，用字寓褒贬。为其作传者，以《左氏》《公羊》《穀梁》最著，并称"《春秋》三传"。《孝

经》,儒家经典名。相传为孔子弟子曾子所作。赤虹化玉,孔子完成《春秋》和《孝经》后,赤虹从天而降,化作黄玉。

⑤"箕(jī)好风"三句:语本《尚书·洪范》:"庶民惟星,星有好风,星有好雨。"西汉·孔安国传:"星,民象,故众民惟若星。箕星好风,毕星好雨,亦民所好。"以箕星好风、毕星好雨,比喻百姓的愿望各不相同。箕,星宿名。二十八宿之一。是东方苍龙七宿的第七宿,有四颗星,分布似箕。毕,星宿名。二十八宿之一。是西方白虎七宿的第五宿,有八颗星,分布的形状像古代田猎用的毕网,古人认为此星主兵、主雨。庶人,平民,百姓。

⑥"风从虎"三句:语本《周易·文言上》:"云从龙,风从虎,圣人作而万物睹。"会合,相遇。

⑦雨旸(yáng)时若,系是休征:语本《尚书·洪范》:"八,庶征:曰雨,曰旸,曰燠,曰寒,曰风。曰时五者来备,各以其叙,庶草蕃庑。一极备,凶;一极无,凶。曰休征:曰肃,时雨若;曰乂,时旸若;曰晢,时燠若;曰谋,时寒若;曰圣,时风若。曰咎征:曰狂,恒雨若;曰僭,恒旸若;曰豫,恒燠若;曰急,恒寒若;曰蒙,恒风若。"雨,下雨。旸,日出。时若,即若是,像这个样子。后用"雨旸时若"谓晴雨适时,气候调和。休征,吉祥的征兆。《尚书·洪范》:"曰休征。"西汉·孔安国传:"叙美行之验。"休,喜庆,美善。

⑧交泰:语本《周易·泰卦》:"天地交,泰。"三国魏·王弼注:"泰者,物大通之时也。"言天地之气融通,则万物各遂其生,故谓之"泰"。后以"交泰"指天地之气和祥,万物通泰。

⑨斯:指示代词,此。

【译文】

太平盛世,百姓安居乐业,在光天化日之下快乐地嬉游;能为天下带来太平的有德之君,可以感召上天,而出现景星、庆云等祥瑞景象。

夏朝的大禹在位时期,上天接连下了三天黄金雨;孔子编纂完《春秋》和《孝经》这两部书，赤虹从天而降化为黄玉。

　　箕星喜风，毕星好雨，比喻百姓的愿望各有不同；虎啸生风，龙腾生云，比喻君臣的会合相辅并非偶然。

　　晴雨适宜，应时而至，这是吉祥的征兆；天地祥和，万物安泰，便称得上太平盛世。

地舆

【题解】

　　地舆，即地理。《淮南子·原道训》："以地为舆，则无不载也。"地载万物，故比之以车舆，后因称大地为"地舆"，也用"地舆"指地理之学。

　　本篇共37联，皆与地理有关。内容涉及全国行政区划、名山大川的一些专门说法，以及和地理相关的成语典故。

　　本篇所反映的是明代的行政区划。明代行政区划为两京十三布政使司制，俗称"十五省"。"两京"为北京（京师）、南京，又称"北直隶""南直隶"。因明太祖建都南京，明成祖迁都北京。十三个布政使司，分别为：山东、山西、河南、陕西、四川、江西、湖广、浙江、福建、广东、广西、云南、贵州。本篇所列行政区恰是这十五个，与明代两京十三布政使司一一对应。清初改北直隶为直隶，南直隶为江南承宣布政使司。康熙初改布政使司为省，分江南省为江苏、安徽两省，分湖广省为湖南、湖北两省，分陕西省为陕西、甘肃两省。清代分出来的江苏、安徽、湖南、湖北、甘肃这五个省的名字，在本篇都未出现。明代两京十三布政使司虽对元代十一行省（岭北、辽阳、河南、陕西、四川、甘肃、云南、浙江、江西、湖广、征东）有所承袭，但损益为多，即便省份同名，但辖境范围颇不相同。清代内地十八省（直隶、河南、山东、山西、陕西、甘肃、江苏、浙江、安徽、江西、湖北、湖南、四川、福建、广东、广西、云南、贵州），基本沿袭明代两京十三布政使司，只是分南京（南直隶）为安徽、江苏，分湖广为湖南、湖北，从陕西多分出一个甘肃而已。明代两京十三布政使司，为现代省市区域划分奠定了基础。故本篇之注，于这些行政区划名，重点交代明清时期情况，而不牵涉此前沿革。

黄帝画野，始分都邑①；夏禹治水，初奠山川②。

宇宙之江山不改③，古今之称谓各殊④。

北京原属幽燕，金台是其异号⑤；南京原是建业，金陵又是别名⑥。

浙江是武林之区，原为越国⑦；江西是豫章之郡，又曰吴皋⑧。

福建省属闽中⑨，湖广地名三楚⑩。

东鲁、西鲁，即山东、山西之分⑪；东粤、西粤，乃广东、广西之域⑫。

河南在华夏之中，故曰中州⑬；陕西即长安之地，原为秦境⑭。

四川为西蜀⑮，云南为古滇⑯。

贵州省近蛮方，自古名为黔地⑰。

【注释】

①黄帝画野，始分都邑：语本《汉书·地理志》："昔在黄帝，作舟车以济不通，旁行天下，方制万里，画野分州，得百里之国万区。"唐·颜师古注："方制，制为方域也。画，谓为之界也。"黄帝，传说中的上古帝王。号有熊氏，又号轩辕氏，姬姓，一说姓公孙，是有熊国君少典之子。《史记·五帝本纪》记载："黄帝者，少典之子，姓公孙，名曰'轩辕'。"画野，划分区域界限。画，划分。野，

分野,指与星次相对应的地域。古以十二星次的位置划分地面上州、国的位置与之相对应。就天文说,称作"分星";就地面说,称作"分野"。如以鹑首对应秦、鹑火对应周等。相传古代中国画野分州,始于黄帝时期。都邑,城市。此处泛指地方区域。古称邦国都城曰"都",称侯国曰"邑"。

②夏禹治水,初奠山川:语本《尚书·禹贡》:"禹敷土,随山刊木,奠高山大川。"宋·蔡沈注:"敷,分也,分别土地以为九州也。奠,定也,定高山大川以别州境也。若兖之济河、青之海岱是也。"

③宇宙之江山不改:语本宋·文天祥《赣州》诗:"江山不改人心在,宇宙方来事会长。"宇宙,天地。《淮南子·原道训》:"横四维而含阴阳,纮宇宙而章三光。"东汉·高诱注:"四方上下曰'宇',古往今来曰'宙',以喻天地。"

④各殊:互有差异,互不相同。

⑤北京原属幽燕,金台是其异号:北京,明代(明成祖之后)首都,又称"北直隶"。地理范围比今北京市大,包括今北京、天津两市,河北长城南部地区和河南、山东的小部地区。明永乐元年(1403),明成祖朱棣将他做燕王时的封地北平府改为顺天府,建北京。永乐十九年(1421),自应天(今江苏南京)迁都顺天,改北京为京师。洪熙元年(1425),拟还都应天,复改京师为北京。正统六年(1441),定北京为国都,又改称京师。旧注:"《附职方纪略》:北京,古辽东地,号三韩,今曰北直,别号金台,古燕冀域。领九府、二十州、一百二十县。首府顺天,别号'燕山'。乃《禹贡》冀州之域。周曰'幽州',汉曰'燕国'。"幽燕,指今河北北部及辽宁一带。战国时属于燕国,唐以前属于幽州,因此称"幽燕"。金台,战国时燕昭王听取谋士郭隗的建议,为招纳天下的贤士而修建的黄金台。明·蒋一葵《长安客话》:"都城黄金台出朝阳门循濠而南,至东南角,岿然一土阜是也。日薄崦嵫,茫茫

落落,吊古之士,登斯台者,辄低回眷顾,有千秋灵气之想。京师八景有曰'金台夕照',即此。"后亦代指古燕都北京。明·沈榜《宛署杂记·铺行》:"当成祖建都金台时,即因居民疏密,编为保甲。"

⑥南京原是建业,金陵又是别名:南京,明代行政区划名,又称"南直隶",地当今江苏、安徽两省全境。明洪武元年(1368)建都于江南应天府,永乐间迁都北京,改应天府为行在,正统间建为南京。清初改为江南承宣布政使司,康熙初改布政使司为省,分江南省为江苏、安徽两省。旧注:"(《附职方纪略》):南京,今曰'江南',别号'金陵',古徐、扬地。领十四府、十七州,九十六县。首府江宁,别号'建业'。乃《禹贡》扬州之域。楚威王以其地有王气,埋金以镇之,故名'金陵'。厥后至吴,自京口徙都于此,曰'建业'。"建业,古都名。即今江苏南京。东汉建安十七年(212),孙权在南京筑石头城,称"建业"。吴、东晋及南朝宋、齐、梁、陈,皆建都于此。金陵,南京的别称。战国楚威王七年(前333)灭越后在今南京清凉山设金陵邑。

⑦浙江是武林之区,原为越国:浙江,明清以来的省级行政区划名。以境内钱塘江旧称"浙江"得名。明置浙江布政使司,清设浙江省,沿袭至今。武林,旧时杭州的别称,以武林山得名。"武林"又称"虎林",据传唐朝为避李虎之讳而改"虎林"为"武林"。越国,古国名。也称"於越",姒姓,相传始祖为夏少康庶子无余。封于会稽。春秋末越王勾践卧薪尝胆,终灭吴称霸,战国时为楚所灭。

⑧江西是豫章之郡,又曰吴臯(gāo):江西,明清以来的省级行政区划名。明置江西布政使司,清设江西省,沿袭至今。豫章,江西南昌之别称。本为古代行政区划名。西汉设豫章郡(治今江西南昌)。汉至南朝,豫章郡、豫章国的范围大致相当于今江西北部

地区。吴皋，本为古代县级行政区划名，即今江西丰城。因为春秋战国时期曾为吴、楚两国的交界，故名。亦代指江西。三国时期东吴析南昌县南境置富城县。晋时改名丰城县。唐天祐二年（905），梁王朱全忠因其父名诚，改丰城为吴皋。五代后唐同光元年（923），复改吴皋为丰城。

⑨福建省属闽（mǐn）中：福建，明清以来的省级行政区划名。明代置福建布政使司，清设福建省，沿袭至今。闽中，秦所设的郡县名。辖境相当于今福建省和浙江省宁海及其以南的灵江、瓯江、飞云江流域。后以"闽中"指福建一带。南朝宋·谢灵运《还旧园作见颜范二中书》诗："闽中安可处，日夜念归旋。"

⑩湖广地名三楚：湖广，明代省级行政区划名。明代置湖广布政使司，清代分湖广为湖南、湖北二省。三楚，即楚地。战国楚地疆域广阔，秦汉时分为西楚、东楚、南楚，合称"三楚"。《史记·货殖列传》："夫自淮北沛、陈、汝南、南郡，此西楚也。……彭城以东，东海、吴、广陵，此东楚也。……衡山、九江、江南、豫章、长沙，是南楚也。"古时，楚地不限于湖南、湖北，但宋元以来，尤其明清时期，人们习惯于用楚地指称湖南、湖北地区。

⑪东鲁、西鲁，即山东、山西之分：东鲁，原指春秋时期的鲁国，后以指鲁地（相当于今山东省）。《文选·孔稚珪〈北山移文〉》："世有周子，隽俗之士，既文且博，亦玄亦史。然而学遁东鲁，习隐南郭。"西鲁，山西省的别称。因山东别名东鲁，与之相对，称山西为"西鲁"。此一用法，实为罕见。旧注："(《附职方纪略》:)山西，别号'西鲁'，《禹贡》冀州之域。领五府、十九州、七十八县。首府太原，别号'晋阳'。"山东，明清以来的省级行政区划名。因在太行山以东，故称。明置山东布政使司，清设山东省，沿袭至今。山西，明清以来的省级行政区划名。自古称太行山以西、黄河以东地区为"山西"。明置山西布政使司，清设山西省，沿

袭至今。

⑫ 东粤(yuè)、西粤,乃广东、广西之域:东粤、西粤,亦称"粤东""粤西",分指广东、广西。"粤"为古地名,亦为古族名。《汉书·高帝纪》:"故衡山王吴芮与子二人、兄子一人,从百粤之兵,以佐诸侯,诛暴秦,有大功,诸侯立以为王。"广东,明清以来的省级行政区划名。明置广东布政使司,清设广东省,沿袭至今。广西,明清以来的省级行政区划名。明设广西布政使司,清设广西省,今为广西壮族自治区。

⑬ 河南在华夏之中,故曰中州:河南,明清以来的省级行政区划名。因地在黄河之南而得名。明置河南布政使司,清设河南省,沿袭至今。华夏,最初指中原地区,后来代指中国。《周书·武成》:"华夏蛮貊,罔不率俾。"中州,古豫州(今河南省一带)地处九州之中,称为"中州"。

⑭ 陕西即长安之地,原为秦境:陕西,明清以来的省级行政区划名。明置陕西布政使司,清代分为陕西、甘肃两省。长安,古地名。汉高祖七年(前200)定都于此。此后东汉献帝初、西晋愍帝、前赵、前秦、后秦、西魏、北周、隋、唐皆于此定都。故城有二:汉城筑于汉惠帝时,在今西安市西北。隋城筑于隋文帝时,号大兴城,故址包有今西安城和城东、南、西一带。唐末就旧城北部改筑新城,即今西安城。秦,朝代名。亦为周代古国名。秦襄公始立国,秦孝公时,成为战国七雄之一,定都咸阳。前221年,秦始皇统一天下,建立中国历史上第一个中央集权的王朝——秦朝。

⑮ 四川为西蜀:四川,明清以来的省级行政区划名。明设四川布政使司,清设四川省,沿袭至今。西蜀,今四川省。古为蜀地,因在西方,故称"西蜀"。

⑯ 云南为古滇(diān):云南,明清以来的省级行政区划名。明设云南布政使司,清设云南省,沿袭至今。滇,古地名。亦为古族、古

国名。西南夷的一支。战国至秦汉时，分布在今云南滇池附近。

⑰贵州省近蛮方，自古名为黔（qián）地：贵州，明清以来的省级行
政区划名。明置贵州布政使司，清设贵州省，沿袭至今。蛮方，蛮
夷居住的地方。《诗经·大雅·抑》："用戒戎作，用逷蛮方。"东
汉·郑玄笺："蛮方，蛮畿之外也。"黔，贵州省简称。

【译文】

黄帝划分中国的区域，才有后来州县区划的界限；夏禹治理洪水，开
始定高山大川以别州境。

天地间的江河山川不会改变，但古往今来的称呼却各有不同。

北京原属于古幽燕地区，"金台"是它的别名；南京原本叫"建业"，
"金陵"是它的别名。

浙江省位于古时武林所在区域，原为古越国；江西省位于古代豫章
郡境内，又称为"吴皋"。

福建省在古代属于闽中地区，湖广省在旧时称为"三楚"。

东鲁、西鲁，分别指山东省和山西省；东粤、西粤，对应于广东省和广
西省辖境。

河南省因位于华夏大地的中心位置，所以称为"中州"；陕西省就是
古代长安所在之地，原是古秦国领地。

四川省便是所谓西蜀，云南省在古代是滇国。

贵州省离南方蛮夷之地很近，自古以来称为黔地。

东岳泰山，西岳华山，南岳衡山，北岳恒山，中岳嵩山，
此为天下之五岳①；饶州之鄱阳，岳州之青草，润州之丹阳，
鄂州之洞庭，苏州之太湖，此为天下之五湖②。

【注释】

①"东岳泰山"六句：语本《尚书·舜典》："岁二月，东巡守，至于岱

宗，柴。望秩于山川，肆觐东后。协时月正日，同律度量衡。修五礼、五玉、三帛、二生、一死贽。如五器，卒乃复。五月南巡守，至于南岳，如岱礼。八月西巡守，至于西岳，如初。十有一月朔巡守，至于北岳，如西礼。归，格于艺祖，用特。五载一巡守，群后四朝。"暨《史记·封禅书》："《尚书》曰：……岁二月，东巡狩，至于岱宗。岱宗，泰山也。柴，望秩于山川。遂觐东后。东后者，诸侯也。合时月正日，同律度量衡，修五礼，五玉三帛二生一死贽。五月，巡狩至南岳。南岳，衡山也。八月，巡狩至西岳。西岳，华山也。十一月，巡狩至北岳。北岳，恒山也。皆如岱宗之礼。中岳，嵩高也。五载一巡狩。"《尚书·舜典》提及"岱宗""南岳""西岳""北岳"之名；《史记·封禅书》添"中岳"之名，且具体指出"南岳""西岳""北岳""中岳"是衡山、华山、恒山、嵩高（山）。《汉书·郊祀志》与《史记·封禅书》同。《尚书·舜典》西汉·孔安国传："南岳，衡山。""西岳，华山。""北岳，恒山"。《周礼·春官·大宗伯》："以血祭祭社稷、五祀、五岳。"东汉·郑玄注："五岳，东曰岱宗、南曰衡山、西曰华山、北曰恒山、中曰嵩高山。"与《史记·封禅书》《汉书·郊祀志》同。泰山，位于山东中部，为五岳中的东岳，也称"岱宗""岱山""岱岳""泰岱"。古代帝王常在泰山举行封禅大典。华山，位于陕西华阴南，为五岳中的西岳，北临渭河平原，属秦岭东段。又称"太华山"。衡山，位于湖南中部，为五岳中的南岳。相传舜帝南巡和大禹治水都到过这里。历代帝王南岳祀典，除汉武帝祀安徽潜山外，均在此山。恒山，主峰位于今河北曲阳西北，为五岳中的北岳。《尚书·夏书·禹贡》："太行恒山，至于碣石，入于海。"北魏·郦道元《水经注·禹贡山水泽地所在》："恒山为北岳，在中山上，曲阳县西北。"嵩（sōng）山，位于河南登封北，为五岳中的中岳。古称"外方""太室"，又名"崇高""嵩高"。五岳，我国五大名山的总称。古书中记述略有不同。一般指东岳泰山、南岳衡山、西岳华山、北岳恒山、中岳嵩山。亦有以霍山为南岳者。《尔雅·释山》:"泰山为东岳,华山为西岳,霍山为南岳,恒山为北岳,嵩高为中岳。"晋·郭璞注:"(霍山)即天柱山,灊水所出。"《史记·封禅书》载汉武帝元丰五年(前106)"登礼灊(qián)之天柱山,号曰'南岳'"。按,天柱山在今安徽霍山西北。

② "饶州之鄱(pó)阳"六句:语本明·阙名《道法会元(卷三)·清微帝师官分品》:"五湖(并称"龙潭"):青草湖大神,丹阳湖大神,太湖大神,彭蠡湖大神,洞庭湖大神。"又,宋·吕元素《道门定制(卷三)·黄箓罗天一千二百分圣位·第八十五状(十七分)》"太湖众神门下"条、明·金体辑《灵宝文检(卷七)·黄箓罗天大醮圣号分位·第八十五状·十七分》"太湖众神"条,皆以太湖神、洞庭湖神、丹阳湖神、鄱阳湖神、彭蠡湖神五者并列。宋·蒋叔舆《无上黄箓大斋立成仪》卷五十六则以太湖水神、青草湖水神、洞庭湖水神、丹阳湖水神、彭蠡湖水神、西湖水神六者并列。以太湖神、洞庭湖神、丹阳湖神、鄱阳湖神、彭蠡湖(即鄱阳湖)神为五大湖神,当为道教流行说法。道教亦有以青草湖神、彭蠡湖神、丹阳湖神、谢阳湖神、太湖神并列者。两种"五大湖神"的列法,都有丹阳湖,差别只在以"洞庭湖神"和"谢阳湖神"互换。饶州,古州府名。明清沿之,地处今江西省东北部,因"山有林麓之利,泽有蒲鱼之饶"而得州名。春秋时期为楚国番邑,秦置番县,西汉改番阳县,东汉改鄱阳县,隋平陈后置饶州,州治为今江西鄱阳。明清时期饶州府,下辖鄱阳(府治)、余干、万年、德兴、浮梁、乐平、余江七县。鄱阳,湖名。古称"彭蠡"。位于江西北部,长江南岸,是今日中国第一大淡水湖。岳州,古州府名。明清沿之,地当今湖南岳阳。隋开皇九年(589)改巴州为岳州,治巴陵(今湖南岳阳)。唐辖今湖南洞庭湖东、南、北沿岸各

县地，后略小。青草，即青草湖，又名"巴丘湖"，在今湖南岳阳西南，和洞庭湖相连。因青草山而得名。一说湖中多青草，冬春水涸，青草弥望，故名。唐宋时湖周二百六十五里，北有沙洲与洞庭湖相隔，水涨时则北通洞庭，南连湘水。唐·张志和《渔父歌》："青草湖中月正圆，巴陵渔父棹歌连。钓车子，掘头船，乐在风波不用仙。"润州，中国古代行政区划名。地当今江苏镇江。隋开皇十五年（595）置，治延陵县（唐改丹徒县，今江苏镇江）。因州东有润浦得名。大业初废。唐武德三年（620）复置。辖境相当于今江苏南京、镇江、丹阳、句容、金坛、江宁等地。天宝元年（742）改为丹阳郡，乾元元年（758）复名润州。北宋政和三年（1113）升为镇江府。镇江之名，沿袭至今。本篇是以隋唐时期的旧名润州指代当时的镇江府。丹阳，即丹阳湖。旧注："丹阳湖又曰'练塘'，在镇江，周三百余里，自应天溧阳县，接太平当涂县界。"古丹阳湖，位于今安徽省和江苏省交界处，包括丹阳、石臼、固城、南漪四湖以及当涂、宣城、芜湖、溧水、高淳等地沿湖圩区。鄂（è）州，古州府名。隋开皇九年（589）改郢州为鄂州，治江夏县（今湖北武汉武昌区）。取鄂渚为名。唐初为鄂州，又改江夏郡，又升武昌军。宋为鄂州，属荆湖北路。元置鄂州路，后改武昌路。明设武昌府，清沿之。辖境相当于今湖北武汉长江以南地区和鄂州、黄石、咸宁等地。本篇以"鄂州"故名代指当时的武昌府。明代武昌府和岳州府接壤，其南即洞庭湖。洞庭，即洞庭湖，位于今湖南省北部，长江荆江河段以南，是当代中国第二大淡水湖，原为古云梦大泽的一部分，洞庭湖南纳湘、资、沅、澧四水汇入，北与长江相连，湖水由东面的城陵矶附近注入长江，为长江最重要的调蓄湖泊。苏州，明清州府名。隋文帝开皇九年（589）始定名为苏州，因城西南的姑苏山而得名。唐为苏州，宋为平江府，元为平江路，明清为苏州府。明代苏州府下辖吴县、长洲县、常熟县、吴江县、昆山县、嘉定县、崇明县和太仓州,辖区范围大致相当于今日苏州市及上海市苏州河以北各区。太湖,古称"震泽""具区",又称"五湖""笠泽"。地跨江苏、浙江二省,为当代中国第三大淡水湖。五湖,五大湖泊的并称。具体所指,说法不一。通行说法有二:《史记·三王世家》:"大江之南,五湖之间,其人轻心。"唐·司马贞索隐:"五湖者,具区、洮滆、彭蠡、青草、洞庭是也。"明·杨慎《丹铅总录·地理》:"王勃文'襟三江而带五湖',则总言南方之湖。洞庭一也,青草二也,鄱阳三也,彭蠡四也,太湖五也。"具区,即太湖。彭蠡,即鄱阳湖。洮滆,即今江苏长荡湖、西滆湖。这两种说法都不含"丹阳湖"。本篇以丹阳湖为五湖之一,源于道教五大湖神之说。

【译文】

东岳泰山,西岳华山,南岳衡山,北岳恒山,中岳嵩山,这五座山并称"五岳",名闻天下;饶州的鄱阳湖,岳州的青草湖,润州的丹阳湖,鄂州的洞庭湖,苏州的太湖,这五个湖并称"五湖",名闻天下。

金城汤池,谓城池之巩固①;砺山带河,乃封建之誓盟②。

帝都曰京师③,故乡曰梓里④。

蓬莱、弱水,惟飞仙可渡⑤;方壶、员峤,乃仙子所居⑥。

沧海桑田,谓世事之多变⑦;河清海晏,兆天下之升平⑧。

【注释】

①金城汤池,谓城池之巩固:语本《汉书·蒯通传》:"必将婴城固守,皆为金城汤池,不可攻也。"唐·颜师古注:"金以喻坚,汤喻沸热不可近。"金城汤池,金属造的城,沸水流淌的护城河,形容城池险固。亦省作"金汤"。《后汉书·光武帝纪赞》:"金汤失

险，车书共道。"唐·李贤注："金以喻坚，汤取其热。"

②砺（lì）山带河，乃封建之誓盟：语本《史记·高祖功臣侯者年表》："封爵之誓曰：'使河如带，泰山若厉，国以永宁，爰及苗裔。'"南朝宋·裴骃集解引东汉·应劭曰："封爵之誓，国家欲使功臣传祚无穷。带，衣带也；厉，砥石也。河当何时如衣带，山当何时如厉石，言如带厉，国乃绝耳。"砺山带河，泰山小成磨刀石，黄河细成衣带，这种情况绝不可能出现，故用以比喻即使时间久远，出现任何动荡，也决不改变。砺，磨刀石。山，泰山。带，衣带。河，黄河。封建，封邦建国。古代帝王把爵位、土地分赐亲戚或功臣，让他们在各自辖区内建立邦国。西周初年，曾大规模封建诸侯。誓盟，立誓订盟。

③帝都：京城，京都。京师：泛称国都。《公羊传·桓公九年》："京师者何？天子之居也。京者何？大也。师者何？众也。天子之居，必以众大之辞言之。"

④梓（zǐ）里：古代人们喜欢在住宅周围栽植桑树和梓树，后遂以"桑梓""梓里"代称故乡。《诗经·小雅·小弁》："维桑与梓，必恭敬止。"朱子集传："桑、梓二木，古者五亩之宅，树之墙下，以遗子孙给蚕食、具器用者也。"

⑤蓬莱、弱水，惟飞仙可渡：语本《太平广记（卷二十一）·神仙二十一·司马承祯》引《续仙传》："又蜀女真谢自然泛海将诣蓬莱求师，船为风飘，到一山，见道人指言：'天台山司马承祯，名在丹台，身居赤城，此真良师也。蓬莱隔弱水三十万里，非舟楫可行，非飞仙无以到。'自然乃回，求承祯受度，后白日上升而去。"宋·张君房《云笈七签》卷一百十三下亦载。又，旧题西汉·东方朔《海内十洲记·凤麟洲》："凤麟洲在西海之中央，地方一千五百里，洲四面有弱水绕之，鸿毛不浮，不可越也。"蓬莱，蓬莱山，古代传说中的神山名。弱水，古代神话传说中称险恶难渡的

河海。由于不通舟楫,古人往往认为是水弱不能载舟,因称"弱水"。

⑥方壶、员峤(jiào),乃仙子所居:语本《列子·汤问》:"渤海之东,不知几亿万里,有大壑焉。……其中有五山焉:一曰岱舆,二曰员峤,三曰方壶,四曰瀛洲,五曰蓬莱。"方壶,传说中神山名。一名"方丈"。员峤,神话中的仙山名。《尔雅·释山》:"山锐而高,峤。"现代词典多将"员峤"之"峤"注音为qiáo,读作平声;然而,唐诗用例,"峤"字读仄声,无一例外。

⑦沧海桑田,谓世事之多变:语本晋·葛洪《神仙传·王远》:"麻姑自说云:'接侍以来,已见东海三为桑田。向到蓬莱,水又浅于往者(一作"昔")会时略半也。岂将复还为陵陆乎?'"大海变成农田,农田变成大海,比喻世事变化巨大。

⑧河清海晏(yàn),兆天下之升平:旧注:"秦庄襄王三年甲寅,黄河清,是年生汉高祖于丰沛。"河清海晏,黄河水清,沧海波平,旧时用来形容国内安定,天下太平。唐·郑锡《日中有王字赋》:"当是时也,河清海晏,时和岁丰,车书混合,华夷会同。"河清,语本晋·王嘉《拾遗记》卷一:"又有丹邱千年一烧,黄河千年一清,至圣之君以为大瑞。"河,指黄河。海晏,同"海不扬波"("海不扬波",详参本篇后注)。旧时以为祥瑞。晏,平静,安逸。升平,太平。

【译文】

"金城汤池",是说城墙像金属一样牢不可破,护城河里的水像烧开了一样无法逾越,形容城池牢固;"砺山带河",是说即便泰山小成磨刀石,黄河细成衣带,也坚决不改,是天子封建诸侯时的盟誓。

帝都又叫"京师",故乡称作"梓里"。

"蓬莱"和"弱水",只有仙人才可以飞渡;"方壶"和"员峤",是神仙住的地方。

"沧海桑田",比喻世事变迁太大;"河清海晏",是天下太平的征兆。

水神曰冯夷①，又曰阳侯②；火神曰祝融③，又曰回禄④。

海神曰海若⑤，海眼曰尾闾⑥。

望人包容，曰海涵⑦；谢人恩泽，曰河润⑧。

【注释】

①冯夷：传说中的黄河之神，即河伯。亦泛指水神。《楚辞·远游》"使湘灵鼓瑟兮，令海若舞冯夷。"东汉·王逸注："冯夷，河伯字也，水仙人也。《淮南》言：'冯夷得道以潜大川。'"《庄子·大宗师》："冯夷得之，以游大川。"唐·成玄英疏："姓冯名夷，弘农华阴潼乡堤首里人也。服八石，得山仙。大川，黄河也。天帝锡冯夷为河伯，故游处盟津大川之中也。"

②阳侯：古代传说中的波涛之神。《淮南子·览冥训》："武王伐纣，渡于孟津，阳侯之波，逆流而击，疾风晦冥，人马不相见。"东汉·高诱注："阳侯，阳国侯也。其国近水，溺水而死。其神能为大波，有所伤害，因谓之'阳侯之波'。"《战国策·韩策二》："塞漏舟而轻阳侯之波，则舟覆矣。"宋·鲍彪注："说阳侯多矣。今按《四八目》，伏羲六佐，一曰'阳侯'，为江海。盖因此为波神欤？"

③祝融：神名。帝喾时的火官，后尊为火神。亦为火或火灾的代称。《国语·郑语》："夫黎为高辛氏火正，以淳耀敦大，天明地德，光照四海，故命之曰'祝融'，其功大矣。"《吕氏春秋·孟夏纪》："孟夏之月：日在毕，昏翼中，旦婺女中。其日丙丁。其帝炎帝。其神祝融。"东汉·高诱注："祝融，颛顼氏后，老童之子吴回也，为高辛氏火正，死为火官之神。"

④回禄（lù）：传说中的火神名。后用来指火灾。一说是火神吴同、陆终的并称，"陆""禄"音相近而通用。《左传·昭公十八年》："郊人助祝史除于国北，禳火于玄冥、回禄，祈于四鄘。"晋·杜预注："回禄，火神。"

⑤海若：传说中的海神。《楚辞·远游》："使湘灵鼓瑟兮，令海若舞冯夷。"东汉·王逸注："海若，海神名也。"宋·洪兴祖补注："海若，庄子所称'北海若'（北海若，见《庄子·秋水》）也。"

⑥海眼：传说中海底泄水的洞穴。尾闾（lú）：古代传说中泄海水之处。《庄子·秋水》："天下之水，莫大于海，万川归之，不知何时止而不盈；尾闾泄之，不知何时已而不虚。"唐·成玄英疏："尾闾者，泄海水之所也，在碧海之东，其处有石，阔四万里，厚四万里，居百川之下尾而为闾族，故曰'尾闾'。"

⑦海涵：像大海一样包容。多用作为请人原谅之辞。

⑧河润：语出《庄子·列御寇》："河润九里，泽及三族。"指恩泽施予人，如河水滋润土地。

【译文】

水神名叫"冯夷"，又叫"阳侯"；火神名叫"祝融"，又叫"回禄"。

海神名叫"海若"，海眼称作"尾闾"。

希望别人包容自己，要说"海涵"；感谢他人施恩，就说"河润"。

　　无系累者①，曰江湖散人②；负豪气者，曰湖海之士③。
　　问舍求田，原无大志④；掀天揭地⑤，方是奇才⑥。

【注释】

①无系累者：《朱子语类》卷二十九："今人有一毫系累，便脱洒不得，而文子有马十乘，乃弃之如敝屣然，此亦岂是易事，常人岂能做得！"系累，束缚，牵累。

②江湖散人：闲散自在的人。唐代诗人陆龟蒙自号"江湖散人"，并作《江湖散人传》《江湖散人歌》，其传曰："散人者，散诞之人也。心散、意散、形散、神散，既无羁限，为时之怪民，束于礼乐者外之，曰：'此散人也。'"

③负豪气者,曰湖海之士:语本《三国志·魏书·陈登传》:"陈登
者,字元龙,在广陵有威名。又掎角吕布有功,加伏波将军,年三
十九卒。后许汜与刘备并在荆州牧刘表坐,表与备共论天下人,
汜曰:'陈元龙湖海之士,豪气不除。'备谓表曰:'许君论是非?'
表曰:'欲言非,此君为善士,不宜虚言;欲言是,元龙名重天下。'
备问汜:'君言豪,宁有事邪?'汜曰:'昔遭乱过下邳,见元龙。元
龙无客主之意,久不相与语,自上大床卧,使客卧下床。'备曰:
'君有国士之名,今天下大乱,帝主失所,望君忧国忘家,有救世
之意,而君求田问舍,言无可采,是元龙所讳也,何缘当与君语?
如小人,欲卧百尺楼上,卧君于地,何但上下床之间邪?'表大笑。
备因言曰:'若元龙文武胆志,当求之于古耳,造次难得比也。'"
三国时,许汜诋毁陈登不遵礼节,刘备指责许汜只晓得买田置物,
远不如陈登胸怀天下。负,具有。豪气,指气概豪放,不拘小节。
湖海之士,形容为人不拘礼法。

④问舍求田,原无大志:此二句出处详见上注。问舍求田,置屋买
田,形容只求个人小利,没有远大志向。

⑤掀天揭地:可以撼动天地,形容声势非常浩大。亦用以比喻本领
高强。宋·辛敤《〈寇忠愍诗集〉后序》:"莱公两朝大臣,勋业之
盛,掀天揭地。"

⑥奇才:亦作"奇材"。指才能非常之人,才能出众之人。《淮南
子·主术训》:"夫释职事而听非誉,弃公劳而用朋党,则奇材佻长
而干次。"东汉·高诱注:"奇材,非常之材。"

【译文】

没有牵绊束缚,自由自在,这样的人可称为"江湖散人";负有豪放
气概,不拘小节,这样的人被叫作"湖海之士"。

只晓得置屋买田,是典型的胸无大志;一心要撼天动地,才称得上盖
世奇才。

平空起事，谓之平地风波①；独立不移②，谓之中流砥柱③。

黑子、弹丸④，极言至小之邑；咽喉、右臂⑤，皆言要害之区。

独立难持⑥，曰一木焉能支大厦⑦；英雄自恃，曰丸泥亦可封函关⑧。

事先败而后成，曰失之东隅，收之桑榆⑨；事将成而终止，曰为山九仞，功亏一篑⑩。

【注释】

①平空起事，谓之平地风波：平空，平白无故地（突然发生）。他本多作"凭空"。平地风波，平地不应有风波，竟然有之，比喻事情（纠纷或事故）出乎意料地突然发生。唐·刘禹锡《竹枝词》："常恨人心不如水，等闲平地起波澜。"

②独立：超凡拔俗，与众不同。《周易·大过卦》："君子以独立不惧，遁世无闷。"唐·孔颖达疏："君子于衰难之时，卓尔独立，不有畏惧。"《淮南子·修务训》："超然独立，卓然离世。"东汉·高诱注："不群于俗。"不移：不改变（志向和操守）。《孟子·滕文公下》"贫贱不能移"，朱子集注："移，变其节也。"

③中流砥（dǐ）柱：在滔滔洪流中屹立不倒的砥柱山，用以比喻坚强而能起支柱作用的人。宋·朱熹《与陈侍郎书》："而二公在朝，天下望之，屹立若中流之底柱，有所恃而不恐。"砥柱，山名。在河南三门峡东，在黄河激流中屹立如柱，故名。《尚书·禹贡》："导岍及岐，至于荆山，逾于河；壶口、雷首至于太岳；底柱、析城至于王屋；太行、恒山至于碣石，入于海。"西汉·孔安国传："底柱，山名。在河水中。"《史记·夏本纪》引之，作"砥柱"。唐·张守节正义引《括地志》云："底柱山，俗名'三门山'，在陕

州硤石县东北五十里黄河之中。孔安国云'厎柱,山名。河水分流,包山而过,山见水中,若柱然也'。"另,《晏子春秋·谏下》:"古冶子曰:'吾尝从君济于河,鼋衔左骖以入砥柱之中流。'"

④黑子:黑痣。比喻很小的一块儿地方。《新语·益壤》:"今淮阳之比大诸侯,仅过黑子之比于面耳,岂足以为楚御哉?"弹丸:弹弓用的泥丸。指很小的地方。《战国策·赵策三》:"楼缓曰:'虞卿能尽知秦力之所至乎?诚知秦力之不至此,弹丸之地犹不予也,令秦来年复攻王,得无割其内而媾乎?'"

⑤咽喉:咽与喉的并称。喻指扼要之处或关键部门。《战国策·秦策四》:"韩,天下之咽喉;魏,天下之胸腹。"《史记·滑稽列传》:"洛阳有武库、敖仓,当关口,天下咽喉。"右臂:人大多惯于用右手做事,因此用右臂比喻事物的要害部分。《战国策·赵策二》:"今楚与秦为昆弟之国,而韩、魏称为东藩之臣,齐献鱼盐之地,此断赵之右臂也。"《后汉书·虞诩传》:"贼不知开仓招众,劫库兵,守城皋,断天下右臂,此不足忧也。"唐·李贤注:"右臂,喻要便也。"

⑥独立:孤立无所依傍。《管子·明法解》:"人主孤特而独立,人臣群党而成朋。"难持:难以坚持。

⑦一木焉能支大厦:南朝宋·刘义庆《世说新语·任诞》:"(和峤)曰:'元裒如北厦门,拉攞自欲坏,非一木所能支。'"隋·王通《中说·事君》:"大厦将颠,非一木所支也。"后以"一木难支"谓崩溃的形势非一人所能挽救。亦喻艰巨的事业非一人所能胜任。

⑧英雄自恃(shì),曰丸泥亦可封函关:语本《后汉书·隗嚣传》:"初,嚣与来歙、马援相善,故帝数使歙、援奉使往来,劝令入朝,许以重爵。嚣不欲东,连遣使深持谦辞,言无功德,须四方平定,退伏间里。五年,复遣来歙说嚣遣子入侍,嚣闻刘永、彭宠皆已破灭,乃遣长子恂随歙诣阙。以为胡骑校尉,封镌羌侯。而嚣将王元、王捷常以为天下成败未可知,不愿专心内事。元遂说嚣曰:

'昔更始西都，四方响应，天下嗃嗃，谓之太平。一旦败坏，大王几无所厝。今南有子阳，北有文伯，江湖海岱，王公十数，而欲牵儒生之说，弃千乘之基，羁旅危国，以求万全，此循覆车之轨，计之不可者也。今天水完富，士马最强，北收西河、上郡，东收三辅之地，案秦旧迹，表里河山。元请以一丸泥为大王东封函谷关，此万世一时也。若计不及此，且畜养士马，据隘自守，旷日持久，以待四方之变，图王不成，其弊犹足以霸。要之，鱼不可脱于渊，神龙失势，即还与蚯蚓同。'"新汉之际，王元游说隗嚣，只要以极少的兵力守住函谷关，就可以东拒刘秀。后遂以"一丸泥"为勇士守险拒敌的典实，形容地势险要，只要少量兵力就可以把守。自恃，自负。丸泥，一粒泥丸。比喻微不足道的事务或力量。封，封锁。函关，函谷关的省称。

⑨"事先败而后成"三句：语本《后汉书·冯异传》："异与赤眉遇于华阴，相拒六十余日，战数十合，降其将刘始、王宣等五千余人。三年春，遣使者即拜异为征西大将军。会邓禹率车骑将军邓弘等引归，与异相遇，禹、弘要异共攻赤眉。异曰：'异与贼相拒且数十日，虽屡获雄将，余众尚多，可稍以恩信倾诱，难卒用兵破也。上今使诸将屯黾池要其东，而异击其西，一举取之，此万成计也。'禹、弘不从。弘遂大战移日，赤眉阳败，弃辎重走。车皆载土，以豆覆其上，兵士饥，争取之。赤眉引还击弘，弘军溃乱。异与禹合兵救之，赤眉小却。异以士卒饥倦，可且休，禹不听，复战，大为所败，死伤者三千余人。禹得脱归宜阳。异弃马步走上回谿阪，与麾下数人归营。复坚壁，收其散卒，招集诸营保数万人，与贼约期会战。使壮士变服与赤眉同，伏于道侧。旦日，赤眉使万人攻异前部，异裁出兵以救之。贼见势弱，遂悉众攻异，异乃纵兵大战。日昃，贼气衰，伏兵卒起，衣服相乱，赤眉不复识别，众遂惊溃。追击，大破于崤底，降男女八万人。余众尚十余万，东走宜阳降。玺

书劳异曰：'赤眉破平，士吏劳苦，始虽垂翅回谿，终能奋翼黾池，可谓失之东隅，收之桑榆。方论功赏，以答大勋。'"东汉开国功臣冯异与赤眉军作战，先败逃回谿，后在黾池大胜。光武帝刘秀派使者慰劳，说冯异"可谓失之东隅，收之桑榆"。后遂以"失之东隅，收之桑榆"，比喻初虽有失而终得补偿。或喻在某一方面失败了，但在另一方面有所成就。东隅（yú），东方。因日出东方，故以"东隅"指早晨。喻指初始阶段。桑榆，日落时光照桑榆树端，因以指日暮。喻指事之后阶段，亦喻晚年。《淮南子·说林训》："圣人之处乱世，若夏暴而待暮，桑榆之间，逾易忍也。"又，《初学记（卷一）·天部上·日》引《淮南子》："日西垂，景在树端，谓之'桑榆'。"《太平御览（卷三）·天部三·日》亦引。

⑩"事将成而终止"三句：语本《尚书·旅獒》："不矜细行，终累大德。为山九仞，功亏一篑。"西汉·孔安国传："八尺曰仞，喻向成也。未成一篑，犹不为山，故曰'功亏一篑'。是以圣人乾乾日昃，慎终如始。"要建造九仞高的山，连土带石往上堆积，若最后一筐土石不倒在山顶上，那么山的高度就达不到九仞，造山便失败。比喻做事情不能坚持到底，最后前功尽弃。九仞（rèn），极言其高。"九"为阳数之极。篑（kuì），盛土的竹筐。

【译文】

事端无缘无故地突然发生，叫作"平地风波"；超凡拔俗，不改初心，这样的人堪称"中流砥柱"。

"黑子"和"弹丸"，都是极力形容小得不能再小的地域；"咽喉"和"右臂"，都是比喻利害攸关的军事要地。

孤立无援，难以坚持，就好比一根木头怎么可能支撑起大厦；英雄自负其勇，就好比用一块泥巴就能封住函谷关，意思是用极少的兵力就可以守住函谷关，遏制敌军。

事情起先失败，而后成功，称为"失之东隅，收之桑榆"；事情将要做成时，却忽然终止，叫作"为山九仞，功亏一篑"。

以蠡测海①，喻人之小见；精卫衔石②，比人之徒劳。

跋涉③，谓行路艰难；康庄④，谓道途平坦。

硗地，曰不毛之地⑤；美田，曰膏腴之田⑥。

得物无所用，曰如获石田⑦；为学已大成⑧，曰已登道岸⑨。

淄渑之滋味可辨⑩，泾渭之清浊当分⑪。

【注释】

①以蠡（lí）测海：语本《文选·东方朔〈答客难〉》："语曰：'以管窥天，以蠡测海，以莛撞钟。'岂能通其条贯，考其文理，发其音声哉！"唐·李善注引三国魏·张晏曰："蠡，瓠瓢也。"用瓢测量海水，比喻用浅陋的见识揣度事物。蠡，葫芦瓢。

②精卫衔石：语本《山海经·北山经》："又北二百里，曰'发鸠之山'，其上多柘木。有鸟焉，其状如乌，文首、白喙、赤足，名曰'精卫'，其鸣自詨。是炎帝之少女，名曰'女娃'。女娃游于东海，溺而不返，故为精卫。常衔西山之木石，以堙于东海。"传说上古时期炎帝最疼爱的小女儿女娃在东海被水淹死，她的灵魂化作一只精卫鸟，总是飞到西山去叼石头和树枝扔进东海，发誓要填平东海为自己报仇。后遂以"精卫衔石"比喻意志坚决，不畏艰难。也比喻徒劳，不自量力。

③跋（bá）涉：登山涉水，谓旅途艰苦。《诗经·鄘风·载驰》："大夫跋涉，我心则忧。"毛传："草行曰'跋'，水行曰'涉'。"

④康庄：指大路宽阔平坦。《史记·孟子荀卿列传》："自如淳于髡以下，皆命曰'列大夫'，为开第，康庄之衢，高门大屋，尊宠之。"南朝宋·裴骃集解引《尔雅》曰："四达谓之'衢'，五达谓之'康'，

六达谓之'庄'。"

⑤硗（qiāo）地，曰不毛之地：语本《公羊传·宣公十二年》："君如矜此丧人，锡之不毛之地，使帅一二耋老而绥焉，请唯君王之命。"东汉·何休注："硗埆不生五谷曰'不毛'。"暨（《汉书·贾山传》载）贾山《至言》："地之硗者，虽有善种，不能生焉；江皋河濒，虽有恶种，无不猥大。"唐·颜师古注："硗埆，瘠薄也。"硗地，"硗埆（què）之地"的省称。指坚硬瘠薄的土地。不毛之地，不生长草木庄稼的荒地，形容荒凉、贫瘠。三国蜀·诸葛亮《前出师表》："故五月渡泸，深入不毛。"

⑥膏腴（gāo yú）：形容土地肥沃。《战国策·赵策四》："今媪尊长安君之位，而封之以膏腴之地。"

⑦石田：语本《左传·哀公十一年》："吴将伐齐，越子率其众以朝焉，王及列士，皆有馈赂。吴人皆喜，惟子胥惧，曰：'是豢吴也夫！'谏曰：'越在我，心腹之疾也。壤地同，而有欲于我。夫其柔服，求济其欲也，不如早从事焉。得志于齐，犹获石田也，无所用之。越不为沼，吴其泯矣。……'"晋·杜预注："石田，不可耕。"

⑧大成：指学问上已取得大成就。《礼记·学记》："九年知类通达，强立而不反，谓之'大成'。"

⑨已登道岸：他本作"诞登道岸"。语本《诗经·大雅·皇矣》："帝谓文王：无然畔援，无然歆羡，诞先登于岸。"毛传："岸，高位也。"朱子集传："岸，道之极至处也。"后遂以"登道岸"指学问达到极高境界。

⑩淄渑（zī shéng）之滋味可辨：语本《吕氏春秋·审应览·精谕》："白公问于孔子曰：'人可与微言乎？'孔子不应。白公曰：'若以石投水，奚若？'孔子曰：'没人能取之。'白公曰：'若以水投水，奚若？'孔子曰：'淄渑之合者，易牙尝而知之。'"《列子·说符》《淮南子·道应训》亦载。又，《列子·仲尼》："目将眇者，先睹秋毫；

耳将聋者，先闻蚋飞；口将爽者，先辨淄渑；鼻将窒者，先觉焦朽；体将僵者，先亟奔佚；心将迷者，先识是非：故物不至者则不反。"淄渑，淄水和渑水的并称。皆在今山东。相传二水味道不同，混合之则难以辨别，但易牙却能分辨出来。

⑪泾渭（jīng wèi）之清浊当分：语本《诗经·邶风·谷风》："泾以渭浊，湜湜其沚。"毛传："泾渭相入而清浊异。"泾渭，指泾水和渭水。一清一浊，因常用"泾渭"喻人品的优劣清浊，事物的真伪是非。

【译文】

"以蠡测海"，比喻人见识浅薄；"精卫衔石"，比喻人做事徒劳无功。

"跋涉"，是说行路非常艰难；"康庄"，是指道路极为平坦。

不长庄稼的贫瘠土地，叫作"不毛之地"；利于庄稼生长的良田，称作"膏腴之田"。

得到某个东西，却一点儿用处也没有，叫作"如获石田"；做学问已取得大成就，可称为"已登道岸"。

"淄水"和"渑水"的滋味差异虽小，但味觉敏感的人可以辨别；"泾水"和"渭水"的清浊差异极大，不应混淆。

泌水乐饥，隐居不仕①；东山高卧，谢职求安②。

圣人出则黄河清③，太守廉则越石见④。

淳俗曰仁里⑤，恶俗曰互乡⑥。

里名胜母，曾子不入；邑号朝歌，墨翟回车⑦。

【注释】

①泌（bì）水乐饥，隐居不仕：语本《诗经·陈风·衡门》："衡门之下，可以栖迟。泌之洋洋，可以乐饥。"朱子集传："此隐居自乐而无求者之辞。言衡门虽浅陋，然亦可以游息。泌水虽不可饱，然亦可以玩乐而忘饥也。"泌水，泉水名。毛传："泌，泉水也。"乐

饥，古有二解。毛传："乐饥，可以乐道忘饥。"郑笺："饥者，不足于食也。泌水之流洋洋然，饥者见之，可饮以癞饥。"毛传认为"乐饥"是乐道忘饥之意，宋·朱熹从之。东汉·郑玄认为"乐"通"癞"（"癞"与"疗"是异体字），"乐饥"即"癞饥"，是疗饥、充饥之意。本篇从朱熹之说。

②东山高卧，谢职求安：语本《世说新语·排调》："谢公在东山，朝命屡降而不动。后出为桓宣武司马，将发新亭，朝士咸出瞻送。高灵时为中丞，亦往相祖。先时，多少饮酒，因倚如醉，戏曰：'卿屡违朝旨，高卧东山，诸人每相与言："安石不肯出，将如苍生何？"今亦苍生将如卿何？'谢笑而不答。"《晋书·谢安传》亦载。谢安曾辞官隐居会稽东山，经朝廷屡次征聘，方从东山复出，官至司徒要职，成为东晋重臣。另临安、金陵亦有东山，也曾是谢安的游憩之地。后遂以"东山高卧"代指隐居。高卧，安卧，悠闲地躺着。谢职，辞去官职。

③圣人出则黄河清：语本三国魏·李康《运命论》："夫黄河清而圣人生，里社鸣而圣人出，群龙见而圣人用。"圣人，指能为天下带来太平的有道明君，如尧帝、舜帝。

④太守廉则越石见（xiàn）：语本《南齐书·虞愿传》："海边有越王石，常隐云雾。相传云'清廉太守乃得见'，愿往观视，清彻无隐蔽。"传说福州城东海边有越王石，平常隐没在云雾里，贪婪的太守见不到它，只有清廉的太守来了，越王石才出现。太守，官名。秦置郡守，汉景帝时改名太守，为一郡最高的行政长官。隋初以州刺史为郡长官。宋以后改郡为府或州，太守已非正式官名，只用作知府、知州的别称。明清时专指知府。越石，即越王石。见，同"现"，出现，显现。

⑤淳（chún）俗：淳朴的民风。仁里：语本《论语·里仁》："里仁为美。"朱子集注："里有仁厚之俗为美。"又，三国魏·何晏集解引

东汉·郑玄曰："里者,民之所居,居于仁者之里,是为美。"后泛称风俗淳美的乡里为"仁里"。里,古代一种居民组织,大抵相当于现在的小区或村。

⑥互乡:语本《论语·述而》:"互乡难与言。"朱子集注:"互乡,乡名。其人习于不善,难与言善。"三国魏·何晏集解引东汉·郑玄曰:"互乡,乡名也。其乡人言语自专,不达时宜。"古地名。据说在今河南周口商水县,此地风俗落后,人人刚愎自用,很难交流。

⑦"里名胜母"四句:语本《汉书·邹阳传》载邹阳《狱中上(梁孝王)书》:"臣闻盛饰入朝者不以私污义,底厉名号者不以利伤行。故里名胜母,曾子不入;邑号朝歌,墨子回车。"唐·颜师古注:"曾子至孝,以胜母之名不顺,故不入也。""朝歌,殷之邑名也。《淮南子》云:'墨子非乐,不入朝歌。'"《史记·鲁仲连邹阳列传》亦载邹阳狱中上书,作:"臣闻盛饰入朝者不以利污义,砥厉名号者不以欲伤行,故县名胜母而曾子不入,邑号朝歌而墨子回车。"又,《淮南子·说山训》:"曾子立孝,不过胜母之闾;墨子非乐,不入朝歌之邑;曾子立廉,不饮盗泉;所谓养志者也。"曾子弘扬孝道,听见"胜母里"的名字,不肯进去。墨子主张非乐,厌恶"朝歌"这个名字,行路看到前方是朝歌城,让车夫调转马头。曾子(前505—前432),名参,字子舆,春秋末年鲁国南武城(今山东嘉祥)人。孔子弟子。是先秦儒家代表人物之一。以孝闻名,据传是《孝经》和《大学》的作者。朝(zhāo)歌,古地名。位于今河南鹤壁淇县。殷商末期纣王在此建行都,称"朝歌"。墨翟(dí,约前468—前376),即墨子,墨家学派的创始人。战国初鲁国人,一说宋国人。曾任宋国大夫。阻止鲁阳文君攻郑。又说服公输般,阻止楚攻宋。主张兼爱、非攻、尚贤、尚同,反对儒家繁礼厚葬,提倡薄葬非乐,反对世卿世禄制度,提出三表法,以检验言论是非。有《墨子》,为墨子及其后学著作之总集。

【译文】

"泌水乐饥",是说泉水能让人消除饥饿,比喻隐士自得其乐,不愿外出做官;"东山高卧",是指辞去官职,隐居山林,以求安逸。

圣人降临世间,黄河水会变得清澈;太守清廉爱民,越王石会从雾中显现。

风俗淳朴和美的乡里,称为"仁里";风俗粗鄙恶劣的地方,叫作"互乡"。

行到名为"胜母"的地方,弘扬孝道的曾子不肯入境;走近名叫"朝歌"的都邑,主张非乐的墨翟调转车头。

> 击壤而歌,尧帝黎民之自得①;让畔而耕,文王百姓之相推②。
>
> 费长房有缩地之方③,秦始皇有鞭石之法④。
>
> 尧有九年之水患,汤有七年之旱灾⑤。
>
> 商鞅不仁而阡陌开⑥,夏桀无道而伊洛竭⑦。
>
> 道不拾遗,由在上有善政⑧;海不扬波,知中国有圣人⑨。

【注释】

①击壤而歌,尧帝黎民之自得:语本东汉·王充《论衡·艺增》:"《论语》曰:'大哉! 尧之为君也,荡荡乎民无能名焉。'传曰:'有年五十击壤于路者,观者曰:"大哉! 尧之德乎!"击壤者曰:"吾日出而作,日入而息,凿井而饮,耕田而食,尧何等力?"'此言荡荡无能名之效也。"《论衡》之《感虚》《艺增》《自然》《须颂》诸篇皆引《击壤歌》,故唐·李善注《文选》引《论衡》释"击壤"。然而王充既言"传曰",说明已见于古籍,不始于王充。又,《艺文类聚(卷十一)·帝王部一·帝尧陶唐氏》《太平御览(卷八

十）·皇王部五·帝尧陶唐氏》据《帝王世纪》引《击壤歌》。后遂以"击壤而歌"喻太平盛世，人人丰衣足食而自乐。击壤，古代的一种游戏。《太平御览（卷七百五十五）·工艺部十二·击壤》引《艺经》曰："壤以木为之，前广后锐，长尺四，阔三寸，其形如履。将戏，先侧一壤于地，遥于三四十步，以手中壤敲之，中者为上。"今按，"壤"为土块，初始阶段，击壤或当为：置一土块（或石块）于地，在一定距离外，用另一土块（或石块）投掷，击中者为胜。

②让畔而耕，文王百姓之相推：语本《史记·周本纪》："西伯阴行善，诸侯皆来决平。于是虞、芮之人有狱不能决，乃如周。入界，耕者皆让畔，民俗皆让长。虞、芮之人未见西伯，皆惭，相谓曰：'吾所争，周人所耻。何往为，只取辱耳。'遂还，俱让而去。诸侯闻之，曰'西伯盖受命之君'。"畔，田界。周文王治理的区域，种田人都互相谦让，把田界所占的地面让给对方耕种。文王，此指周文王。姬姓，名昌。古公亶父孙。周武王父。商末周族领袖。商纣时为西伯。为崇侯虎所谗，被囚于羑里。周臣太颠、闳夭、散宜生等献美女名马于纣，因得释。解决虞、芮两国争端，两国归附之。后又攻灭黎、邘、崇等国。自周原迁都于丰。招贤纳士，至者有东海吕尚、楚人鬻熊、殷臣辛甲等。在位五十年。相推，相互推让。

③费长房有缩地之方：语本晋·葛洪《抱朴子内篇·辨问》："长房缩地脉。"又，《艺文类聚（卷七十二）·食物部·鲊》《太平御览（卷八百六十二）·饮食部二十·鲊》皆引旧体曹丕《列异传》曰："费长房又能缩地脉，坐客在家，至市买鲊，一日之间，人见之千里外者数处。"相传费长房会缩地的法术，能在一天之内在千里以外的多处现身。费长房，传说中的法术之士，曾向壶公学习道术。

④秦始皇有鞭石之法：语本《初学记（卷七）·地部下》引晋·晏谟《齐地记》："秦始皇作石桥，欲渡海观日出处。旧说始皇以术召石，石自行。至今皆东首，隐轸似鞭挞瘢，势似驰逐。"《太平御览

（卷七十三）•地部三十八•桥》亦引之。又，《艺文类聚（卷七十九）•灵异部下•神》引晋•伏琛《三齐略记》："始皇作石桥，欲过海观日出处。于时有神人，能驱石下海，城阳一山，石尽起立。嶷嶷东倾，状似相随而去。云石去不速，神人辄鞭之，尽流血，石莫不悉赤，至今犹尔。"《初学记（卷五）•地理上•石》《太平御览（卷四）•天部四•日下》及《（卷八百八十二）•神鬼部二•神下》引之。传说秦始皇想要渡海观日出，曾鞭石作桥，石头行动不迅速，便用鞭子抽打。秦始皇，秦王朝的建立者嬴政（前259—前210），前246—前210年在位。十三岁继承王位，二十二岁时开始亲政。任用李斯，并派王翦等大将进行统一战争。灭六国后，建立中国历史上第一个统一的中央集权的封建国家——秦朝，自称为"始皇帝"。在地方上推行郡县制；统一法律、度量衡、货币和文字；筑长城，修驰道，同时焚书坑儒，实行文化专制主义。但由于严刑酷法，赋役沉重，广大人民痛苦不堪，他病死不久，即爆发了大规模的农民起义。

⑤尧有九年之水患，汤有七年之旱灾：语本北齐•刘昼《刘子•贵农》："尧、汤之时，有十年之蓄；及遭九年洪水，七载大旱，不闻饥馑相望，捐弃沟壑者，蓄积多故也。"刘子之语，或本于《荀子•富国》："禹十年水，汤七年旱，而天下无菜色者，十年之后，年谷复熟而陈积有余。"暨东汉•袁康《越绝书•越绝计倪内经》："故圣人早知天地之反，为之预备。故汤之时，比七年旱而民不饥；禹之时，比九年水而民不流。其主能通习源流，以任贤使能，则转毂乎千里，外货可来也。"大禹治水，即是帝尧时期。又，《尚书•尧典》记载帝尧命鲧治水，"九载，绩用弗成"。或即"尧有九年之水患"之所本。又，《淮南子•主术》："汤之时，七年旱，以身祷于桑林之际，而四海之云凑，千里之雨至。"汤，商朝的开国君王，又称"成汤"，灭夏建商，与尧、舜、禹并称上古圣君。

⑥商鞅（yāng）不仁而阡陌（qiān mò）开：语本《史记·秦本纪》："（商鞅）为田开阡陌。"《朱子语类》卷五十六："'辟草莱，任土地者次之'，'如李悝尽地力，商鞅开阡陌'，他欲致富强而已，无教化仁爱之本，所以为可罪也。"商鞅（前395—前338），战国时期法家代表人物。卫国国君的后裔，姬姓，故称为"卫鞅"，又称"公孙鞅"，入秦后封于商，后人称之"商鞅"。在秦国执政十九年，推行变法，史称"商鞅变法"。阡陌，田界。

⑦夏桀（jié）无道而伊洛竭：语本《国语·周语上》："幽王二年，西周三川皆震。伯阳父曰：'周将亡矣！夫天地之气，不失其序，若过其序，民乱之也，阳伏而不能出，阴迫而不能烝，于是有地震，今三川实震，是阳失其所而镇阴也。阳失而在阴，川源必塞；源塞，国必亡。夫水土演而民用也。土无所演，民乏财用，不亡何待？昔伊洛竭而夏亡，河竭而商亡。今周德若二代之季矣，其川源又塞，塞必竭。夫国必依山川，山崩川竭，亡之征也。川竭，山必崩。若国亡不过十年，数之纪也。夫天之所弃，不过其纪。'是岁也，三川竭，岐山崩。十一年，幽王乃灭，周乃东迁。"《史记·周本纪》亦载伯阳父之言。相传，夏朝灭亡时，伊水和洛水曾经干涸断流；商朝灭亡时，黄河曾经干涸断流。夏桀，夏朝第十七任君主，也是最后一任君主，名履癸。无道暴虐，为商汤所灭。

⑧道不拾遗，由在上有善政：《韩非子·外储说左上》："子产退而为政，五年，国无盗贼，道不拾遗。"《孔子家语·相鲁》："三月，则鬻牛马者不储价，卖羊豚者不加饰，男女行者别其途，道不拾遗，男尚忠信，女尚贞顺，四方客至于邑，不求有司，皆如归焉。"道不拾遗，道路上有东西遗落，却没有人拾起来，占为己有，形容社会风气淳朴。在上，指身居高位的施政者。善政，清明的政治。《虞书·大禹谟》："德惟善政，政在养民。"

⑨海不扬波，知中国有圣人：语本宋·田锡《论军国机要朝廷大体》：

"臣尝读《韩诗外传》,言成王之时越裳来贡,九驿而至。周公问其所来,其人曰:'天无迅风疾雨,海不扬波三年矣。意者中国殆有圣人,合往朝之。'"海不扬波,海上不起波浪,比喻太平无事。中国,上古时期,我国华夏族建国于黄河流域一带,以为居天下之中,故称"中国",而把周围其他地区称为"四方"。后泛指中原地区。《诗经·小雅·六月序》:"《小雅》尽废,则四夷交侵,中国微矣。"

【译文】

一边击壤,一边歌唱,尧帝时的人民何等怡然自得;耕种时互相将田畔让给对方,周文王时的百姓多么谦让有礼。

费长房有缩短两地距离的奇方,秦始皇有挥鞭驱赶石头造桥的法术。

尧帝时期,发生过长达九年的洪水灾害;商汤时期,发生过长达七年的大旱灾。

商鞅没有仁德之心,废井田,开阡陌;夏桀暴虐无道,伊水和洛水便同时枯竭。

"道不拾遗",是因为统治者治理有方;"海不扬波",可知中国境内有圣人为君。

岁时

【题解】

"岁时",指时令节气。传统中国,是农业文明国家。农业周期,与时令节气关系密切。古代中国,很早就确定了"二至"(夏至、冬至)、"二分"(春分、秋分),将一年划分为四季,并确立二十四节气。古代中国人在特定的时令节气日,进行与之相配套的祭祀庆祝等仪式性活动,形成了特有的节日传统。

本篇39联,讲的都是和时令节气相关的成语典故。古代中国,集中讲时令节气的文献,主要有《逸周书·时训》《礼记·月令》《吕氏春秋·十二纪》《淮南子·天文训》等。集中讲节日习俗的文献,主要有南朝梁·宗懔《荆楚岁时记》、宋·吴自牧《梦粱录》等。

　　爆竹一声除旧,桃符万户更新①。

　　履端是初一元旦②,人日是初七灵辰③。

　　元日献君以椒花颂,为祝遐龄④;元日饮人以屠苏酒,可除厉疫⑤。

　　新岁曰王春⑥,去年曰客岁⑦。

　　火树银花合,指元宵灯火之辉煌;星桥铁锁开,谓元夕金吾之不禁⑧。

【注释】

①爆竹一声除旧,桃符万户更新:语本宋·王安石《元日》(一作《除日》)诗:"爆竹声中一岁除,春风(一作"东风")送暖入屠苏。千门万户曈曈日,总把新桃换旧符。"又,南朝梁·宗懔《荆楚岁时记》云:"(正月一日)鸡鸣而起,先于庭前爆竹,以辟山臊恶鬼。"(按,《神异经》云:"西方山中有人焉,其长尺余,一足,性不畏人,犯之,则令人寒热,名曰'山臊'。人以竹着火中,烞熚有声,而山臊惊惮远去。"《玄黄经》所谓山𤢖鬼也。俗人以为爆竹燃草起于庭燎,家国不应滥于王者。)又云:"造桃板着户,谓之'仙木'。绘二神贴户左右。左神荼,右郁垒,俗谓之'门神'。"(按,庄周云:"有挂鸡于户,悬苇索于其上,插桃符于旁,百鬼畏之。"又魏时人问议郎董勋云:"今正、腊旦,门前作烟火、桃神,绞索松柏,杀鸡着门户,逐疫,礼欤?"勋答曰:"礼,十二月索室逐

疫,衅门户,磔鸡煠火行,故作助行气。桃,鬼所恶。画作人首,可以有所收缚不死之祥。又桃者,五行之精,能制百鬼,谓之'仙木'。"《括地图》曰:"桃都山有大桃树,盘屈三千里。上有金鸡,日照则鸣。下有二神,一名郁,一名垒,并执苇索,以伺不祥之鬼,则杀之。"即无神荼之名。东汉·应劭《风俗通义》曰:"黄帝书称上古之时,有神荼、郁垒兄弟二人,住度朔山上桃树下,简百鬼。鬼妄搰人,援以苇索,执以食虎。于是县官以腊除夕,饰桃人,垂苇索,画虎于门,效前事也。")今按,南朝梁·宗懔《荆楚岁时记》早佚,传本系明人从类书辑录。书中按语,相传出自隋代杜公瞻。爆竹,古时在节日或喜庆日,用火烧竹,毕剥发声,以驱除山鬼瘟神,谓之"爆竹"。火药发明后以多层纸密卷火药,接以引线,燃之使爆炸发声,亦称为"爆竹"。也叫"爆仗""炮仗"。除旧,此指告别去年。桃符,古代挂在大门上的两块画着神荼、郁垒二神的桃木板,古人以为能镇邪。《论衡·订鬼》引《山海经》:"沧海之中,有度朔之山,上有大桃木,其屈蟠三千里,其枝间东北曰'鬼门',万鬼所出入也。上有二神人,一曰神荼,一曰郁垒,主阅领万鬼。恶害之鬼,执以苇索,而以食虎。于是黄帝乃作礼以时驱之,立大桃人,门户画神荼、郁垒与虎,悬苇索以御凶魅。"即其俗缘起。后指春联。五代时在桃木板上书写联语,后来便书写在纸上,称为"春联"。宋·孟元老《东京梦华录·十二月》:"近岁节,市井皆印卖门神、钟馗、桃板、桃符,及财门钝驴,回头鹿马,天行帖子。"清·富察敦崇《燕京岁时记·春联》:"春联者,即桃符也。自入腊以后,即有文人墨客,在市肆檐下,书写春联,以图润笔。"清·俞正燮《癸巳存稿·门对》:"桃符板,即今门对,古当有之,其事始于五代见记载耳。"

②履(lǚ)端是初一元旦:语本《左传·文公元年》:"先王之正时也,履端于始,举正于中,归余于终。"晋·杜预注:"步历之始,以为

术之端首。"唐·孔颖达疏："履，步也。谓推步历之初始，以为术历之端首。……历之上元，必以日月全数为始，于前更无余分，以此日为术之端首，故言'履端于始'也。"暨宋·吴自牧《梦粱录·正月》："正月朔日，谓之'元旦'，俗呼为'新年'。一年节序，此为之首。"履端，年历的推算始于正月朔日，称为"履端"。后指正月初一。元旦，新年第一天。旧指夏历正月初一日，今指公历一月一日。南朝梁·萧子云《介雅》诗："四气新元旦，万寿初今朝。"

③人日是初七灵辰：语本《魏书·自序》："帝宴百僚，问何故名人日，皆莫能知。收对曰：'晋议郎董勋《答问》，称俗云正月一日为鸡，二日为狗，三日为猪，四日为羊，五日为牛，六日为马，七日为人。'"暨唐·李峤《奉和人日清晖阁宴群臣遇雪应制》诗："三阳偏胜节，七日最灵辰。"人日，旧俗以农历正月初七为人日。南朝梁·宗懔《荆楚岁时记》："正月七日为人日，以七种菜为羹，剪彩为人，或镂金箔为人，以贴屏风，亦戴之头鬓。又造华胜以相遗，登高赋诗。（按，董勋《问礼俗》云：'正月一日为鸡，二日为狗，三日为羊，四日为猪，五日为牛，六日为马，七日为人，以阴晴占丰耗。正旦画鸡于门，七日贴人于帐。'今一日不杀鸡，二日不杀狗，三日不杀羊，四日不杀猪，五日不杀牛，六日不杀马，七日不行刑，亦此义也。）"《艺文类聚（卷四）·岁时部中·人日》《初学记（卷四）·岁时部下·人日》《太平御览（卷三十）·时序部十五·人日》皆引《荆楚岁时记》，后二者并引按语。又，宋·高承《事物纪原·正朔历数部·人日》："东方朔《占书》曰：岁正月一日占鸡，二日占狗，三日占羊，四日占猪，五日占牛，六日占马，七日占人，八日占谷。皆晴明温和，为蕃息安泰之候，阴寒惨烈，为疾病衰耗。"前人多疑《占书》系伪托之作。清·富察敦崇《燕京岁时记·人日》："初七日谓之'人日'。是日天气清明者则人生

繁衍。"灵辰,吉祥的时刻。旧时谓正月初七日为人日,亦称"灵辰"。

④元日献君以椒(jiāo)花颂,为祝遐(xiá)龄:语本《晋书·列女传》:"刘臻妻陈氏者,亦聪辨能属文,尝正旦献《椒花颂》。其词曰:'旋穹周回,三朝肇建。青阳散辉,澄景载焕,标美灵葩,爰采爰献,圣容映之,永寿于万。'"晋代刘臻的妻子陈氏曾在正月初一献《椒花颂》给皇帝,内有"圣容映之,永寿于万"等语,后世遂称新年祝词为"椒花颂"。遐龄,高龄,长寿。

⑤元日饮人以屠(tú)苏酒,可除厉疫:语本南朝梁·宗懔《荆楚岁时记》:"(正月一日)长幼悉正衣冠,以次拜贺,进椒柏酒,饮桃汤,进屠苏酒、胶牙饧。下五辛盘。进敷于散,服却鬼丸。各进一鸡子。凡饮酒,次第从小起。"饮人,让他人喝。《晋书·裴楷传》:"长水校尉孙季舒尝与崇(石崇)酣燕,慢傲过度,崇欲表免之。楷闻之,谓崇曰:'足下饮人狂药,责人正礼,不亦乖乎?'"屠苏酒,一种药酒。古代有元日饮屠苏酒的习俗,从年少的人开始喝。据说可以预防瘟疫。厉疫,即疠疫,指瘟疫、急性传染病。《左传·昭公元年》:"山川之神,则水旱疠疫之灾,于是乎禜之。"唐·孔颖达疏:"疠疫谓害气流行,岁多疾病。"《后汉书·马融传》:"驱厉疫,走蜮祥。"

⑥新岁曰王春:语本《公羊传·隐公元年》:"元年春王正月……春者何?岁之始也。王者孰谓?谓文王也。"春秋时,礼崩乐坏,周天子式微,孔子作《春秋》,书"春王正月",以尊周天子。王春,指阴历新春。

⑦客岁:去年。来而复去者为"客",故称去年为"客岁"。

⑧"火树银花合"四句:语本唐·苏味道《正月十五夜》诗:"火树银花合,星桥铁锁开。暗尘随马去,明月逐人来。游伎皆秾李,行歌尽落梅。金吾不禁夜,玉漏莫相催。"暨唐·韦述《西都杂记》:

"西都京城街衢，有金吾晓暝传呼，以禁夜行；惟正月十五日夜，敕许金吾弛禁，前后各一日。"火树银花，形容张灯结彩或大放焰火的灿烂夜景。元宵，农历正月十五日叫"上元节"。这天晚上叫"元宵"。亦称"元夜""元夕"。唐以来有观灯的习俗，所以又叫"灯节"。星桥，指都城灯影月光照耀下的桥。"星桥铁锁开"，指都城平时禁止夜行，桥梁如同被锁一样；元宵取消了夜禁，"锁"仿佛一下子被打开。金吾之不禁，古代由掌管京城警卫的金吾禁止夜行，唯于正月十五日开放夜禁，称"金吾不禁"。金吾，古官名。负责皇帝大臣警卫、仪仗以及徼循京师、掌管治安的武职官员。其名称、体制、权限历代多有不同。汉有执金吾，唐宋以后有金吾卫、金吾将军、金吾校尉等。《汉书·百官公卿表上》："中尉，秦官，掌徼循京师，有两丞、侯、司马、千人。武帝太初元年更名'执金吾'。"唐·颜师古注："应劭曰：'吾者，御也，掌执金革以御非常。'金吾，鸟名也，主辟不祥。天子出行，职主先导，以御非常。故执此鸟之象，因以名官。"晋·崔豹《古今注·舆服》："车辐，棒也。汉朝'执金吾'，'金吾'亦棒也。以铜为之，黄金涂两末，谓为'金吾'。"

【译文】

"爆竹声中一岁除"，耳边响起爆竹，意味着辞别旧岁；"总把新桃换旧符"，门上贴好春联，意味着迎接新年。

"履端"，指正月初一，亦称"元旦"；"人日"，指正月初七，称作"灵辰"。

元旦为君王献上"椒花颂"，祝他千秋万岁；元旦请人喝屠苏酒，能驱瘟疫，除百病。

新年伊始，称"王春"；旧年已去，称"客岁"。

"火树银花合"，是形容元宵夜灯火灿烂辉煌；"星桥铁锁开"，是说元宵节取消夜禁，放下吊桥，听任城内外游人自由往来观赏灯火。

二月朔为中和节^①，三月三为上巳辰^②。

冬至百六是清明^③，立春五戊为春社^④。

寒食节是清明前一日^⑤，初伏日是夏至第三庚^⑥。

四月乃是麦秋^⑦，端午却为蒲节^⑧。

六月六日，节名天贶^⑨；五月五日，节号天中^⑩。

【注释】

①二月朔（shuò）为中和节：语本《旧唐书·德宗纪下》："五年春正月壬辰朔。乙卯，诏：'四序嘉辰，历代增置，汉崇上巳，晋纪重阳，或说禳除，虽因旧俗，与众共乐，咸合当时。朕以春方发生，候及仲月，勾萌毕达，天地和同，俾其昭苏，宜助畅茂。自今宜以二月一日为中和节，以代正月晦日，备三令节数，内外官司休假一日。'宰臣李泌请中和节日令百官进农书，司农献穜稑之种，王公戚里上春服，士庶以刀尺相问遗，村社作中和酒，祭勾芒以祈年谷，从之。"暨《新唐书·李泌传》："帝以'前世上巳、九日，皆大宴集，而寒食多与上巳同时，欲以二月名节，自我为古，若何而可？'泌请：'废正月晦，以二月朔为中和节，因赐大臣戚里尺，谓之"裁度"。民间以青囊盛百谷瓜果种相问遗，号为"献生子"。里闾酿宜春酒，以祭勾芒神，祈丰年。百官进农书，以示务本。'帝悦，乃著令，与上巳、九日为三令节，中外皆赐缯钱燕会。"唐贞元五年（789），在李泌的建议下，唐德宗将每年的二月初一定为中和节，以祭祀勾芒神，祈求丰收。朔，指旧历每月初一。《说文解字》："朔，月一日始苏也。"中和节，农历二月初一为中和节。

②上巳（sì）：农历三月初三为上巳节。汉代以前，上巳节为三月上旬的巳日，魏晋以后固定为三月初三。上巳这天，人们到水边举行祓禊，洗去病患，祓除不祥。《后汉书·礼仪志上》："是月上巳，

官民皆絜于东流水上,曰洗濯被除去宿垢疢为大絜。"《宋书·礼志二》引《韩诗》:"郑国之俗,三月上巳,之溱、洧两水之上,招魂续魄。秉兰草,拂不祥。"南朝梁·宗懔《荆楚岁时记》:"三月三日,四民并出江渚池沼间,临清流,为流觞曲水之饮。"唐·席元明《三月三日宴王明府山亭》诗:"日惟上巳,时亨有巢。"宋·吴自牧《梦粱录·三月》:"三月三日上巳之辰,曲水流觞故事,起于晋时。唐朝赐宴曲江,倾都禊饮踏青,亦是此意。"

③冬至:二十四节气之一,在十二月二十二日前后。这一天太阳经过冬至点,北半球白天最短,夜间最长。传统中国很重视冬至。《吕氏春秋·有始览》:"冬至日行远道,周行四极,命曰'玄明'。"宋·孟元老《东京梦华录·冬至》:"十一月冬至,京师最重此节,虽至贫者,一年之间,积累假借,至此日更易新衣,备办饮食,享祀先祖。官放关扑,庆贺往来,一如年节。"百六:指冬至后的第一百零六天。清明:公历四月四、五或六日,二十四节气之一,又是中国的传统节日。清明有踏青、扫墓的习俗。

④五戊(wù):"戊"是天干的第五位,"五戊"是立春、立秋后的第五个戊日。古时以此为春社、秋社之日。春社:古时于春耕前(周代用甲日,后多为立春后第五个戊日)祭祀土神,以祈丰收,称为"春社"。《礼记·明堂位》:"是故,夏礿、秋尝、冬烝、春社、秋省,而遂大蜡,天子之祭也。"东汉·郑玄注:"春田祭社。"唐·王驾《社日》诗:"桑柘影斜春社散,家家扶得醉人归。"

⑤寒食节:中国传统节日,在清明前一日。相传春秋时晋文公有负于功臣介之推,介之推愤而隐于绵山。晋文公放火烧山,想逼他出仕,介之推却最终抱树焚死。为了纪念介之推,晋文公命令百姓每年在这一天禁火,吃冷食,故名"寒食"。按,《周礼·秋官·司烜氏》"中春以木铎修火禁于国中",则禁火为周之旧制。西汉·刘向《别录》有"寒食蹴蹋"的记述,与介之推死事无关;

晋·陆翙《邺中记》《后汉书·周举传》等始附会为介之推事。寒食日有在春、在冬、在夏诸说，惟在春之说为后世所沿袭。南朝梁·宗懔《荆楚岁时记》："去冬节一百五日，即有疾风甚雨，谓之'寒食'。禁火三日，造饧大麦粥。"

⑥初伏日：即头伏。伏日，俗称"伏天"，指夏至后第三个庚日起至立秋后第二个庚日前一天止的一段时间，分为初伏、中伏、末伏，统称"三伏"，相当于阳历七月中旬至八月下旬。初伏，指夏至后的第三个庚日，或指从夏至后第三个庚日到第四个庚日之间的十天时间。《史记·秦本纪》："二年，初伏，以狗御蛊。"南朝宋·裴骃集解引北朝周·孟康曰："六月伏日初也。周时无，至此乃有之。"《汉书·东方朔传》："伏日，诏赐从官肉。"唐·颜师古注："三伏之日也。"《汉书·郊祀志》："于鄜畤，作伏祠。"唐·颜师古注："伏者，谓阴气将起，迫于残阳而未得升，故为藏伏，因名'伏日'也。立秋之后，以金代火。金畏于火，故至庚日必伏。庚，金也。"夏至：二十四节气之一。在公历六月二十一日或二十二日。这天北半球昼最长，夜最短；南半球则相反。《周礼·春官·冯相氏》"冬夏致日"，东汉·郑玄注："夏至，日在东井，景尺五寸。"《逸周书·时训》："夏至之日，鹿角解；又五日，蜩始鸣。"三庚（gēng）：夏至后第三庚，为初伏之始。唐·曹松《夏日东斋》诗："三庚到秋伏，偶来松槛立。"

⑦麦秋：指初夏（农历四月），因为这时正是麦子成熟的季节，故名"麦秋"。《礼记·月令》："（孟夏之月）靡草死，麦秋至。"陈澔集说："秋者，百谷成熟之期。此于时虽夏，于麦则秋，故云'麦秋'。"唐·戴叔伦《酬袁大祝长卿小湖村山居书怀见寄》诗："麦秋桑叶大，梅雨稻田新。"宋·寇准《夏日》诗云："离心杳杳思迟迟，深院无人柳自垂。日暮长廊闻燕语，轻寒微雨麦秋时。"

⑧端午：我国传统的民间节日。原在农历五月第一个午日，后固定

在五月初五日。清·赵翼《陔馀丛考·端午》："古时端午亦用五月内第一午日，《后汉书·郎颛传》以五月丙午遣太尉，又《论衡》曰'五月丙午日日中之时铸阳燧'，是午节宜用午日或丙日，后世专用五日，亦误。按《周官·壶涿氏》'午贯象齿'，郑注：'午故书为五。'然则'午''五'本通用。……后世以五月五日为午节，盖'午''五'相通之误。"蒲节：旧时端午节有悬菖蒲叶于门首或用菖蒲浸制药酒饮用以辟邪的习俗，因此端午节称为"蒲节"。亦称"菖蒲节""绿蒲节"。菖蒲五月成熟，五月又称"浦月"。南朝梁·宗懔《荆楚岁时记》："（五月五日）以菖蒲，或镂或屑，以泛酒。"宋人诗文，习惯称端午为"菖蒲节"。宋·周密《齐东野语·子固类元章》："庚申岁，客辇下，会菖蒲节，余偕一时好事者邀子固，各携所藏，买舟湖上，相与评赏。"宋·杨万里《初夏即事十二解》诗："藏却柿红樱扫子，菖蒲节里放风光。"

⑨天贶（kuàng）：上天的赏赐。农历六月初六又叫"天贶节"，源于宋真宗赵恒声称大中祥符四年（1011）六月初六得到上天赐予的一部天书，于是将这一天定为天贶节，并在泰山脚下的岱庙建造了一座天贶殿。宋·王偁《东都事略》卷四："（大中祥符）四年春正月丙申，以六月六日天书再降日为天贶节。"《宋史·真宗本纪》："（大中祥符四年春正月）丙申，诏以六月六日天书再降日为天贶节。"

⑩天中：即天中节，端午节的别称，即农历五月五日。宋·吴自牧《梦粱录·五月（附重午）》："士宦等家以生朱于午时书：'五月五日天中节，赤口白舌尽消灭'之句。"宋·陈元靓《岁时广记·趁天中》："《提要录》：'五月五日，乃符天数也，午时为天中节。'"按，《周易·系辞上》曰："天数五，地数五，五位相得而各有合。天数二十有五，地数三十；凡天地之数五十有五，此所以成变化而行鬼神也。"中国古代术数文化，以一、三、五、七、九诸奇数为天

数。此五数相加为二十五。以二、四、六、八、十诸偶数为地数。此五数相加为三十。

【译文】

二月初一是中和节,三月初三是上巳节。

冬至过后第一百零六天是清明,立春后的第五个戊日是春社。

寒食节在清明前一天,初伏日指夏至后第三个庚日。

四月麦熟,所以称为"麦秋";端午日饮菖蒲酒,所以又称"蒲节"。

六月初六,是天贶节;五月初五,号称"天中节"。

端阳竞渡,吊屈原之溺水[1];重九登高,效桓景之避灾[2]。

五戊鸡豚宴社[3],处处饮治聋之酒[4];七夕牛女渡河,家家穿乞巧之针[5]。

中秋月朗,明皇亲游于月殿[6];九日风高,孟嘉帽落于龙山[7]。

秦人岁终祭神曰腊,故至今以十二月为腊[8];始皇当年御讳曰政,故至今读正月为征[9]。

【注释】

①端阳竞渡,吊屈原之溺(nì)水:语本南朝梁·宗懔《荆楚岁时记》:"是日竞渡,采杂药。按,五月五日竞渡,俗为屈原投汨罗日,伤其死所,故并命舟楫以拯之。"端阳,即端午,农历五月初五。明·冯应京《月令广义·岁令一·礼节》:"五月初一至初五日名'女儿节',初三日扇市,初五日端阳节,十三日龙节。"清·富察敦崇《燕京岁时记·端阳》:"京师谓端阳为'五月节',初五日为五月单五,盖'端'字之转音也。"竞渡,赛龙舟。相传这一习俗起源于拯救自沉汨罗江的屈原。《隋书·地理志》:"屈

原以五月望日赴汨罗，土人追到洞庭不见，湖大船小，莫得济者，乃歌曰：'何由得渡湖！'因尔鼓棹争归，竞会亭上，习以相传，为竞渡之戏。其迅楫齐驰，棹歌乱响，喧振水陆，观者如云，诸郡率然，而南郡、襄阳尤甚。"屈原（前339？—前278），名平，字原，战国时楚国丹阳（今湖北秭归）人。楚公族。曾任左徒、三闾大夫等职。政治上主张举贤授能，外交方面主张联齐抗秦。初期深得楚怀王信任，后为令尹子兰、上官大夫所谗，被楚怀王疏远。流放沅、湘流域，投汨罗江自杀。著有《离骚》《九章》《九歌》等，开楚辞之体。是我国第一位大诗人。

②重九登高，效桓（huán）景之避灾：语本南朝梁・吴均《续齐谐记・重阳登高》："汝南桓景随费长房游学累年。长房谓曰：'九月九日汝家当有灾，宜急去，令家人各作绛囊，盛茱萸以系臂，登高饮菊花酒，此祸可除。'景如言，齐家登山。夕还，见鸡犬牛羊一时暴死。长房闻之，曰：'此可以代矣。'今世人每至九月九日登高饮酒，妇人带茱萸囊，因此也。"相传东汉时期，有一个叫桓景的人，跟费长房学习道术。一天，费长房对他说，九月九日，你家中有难，只有全家人插着茱萸登山饮菊花酒，才能避祸，桓景听从了他的话。晚上回家一看，家中的鸡犬牛羊都死了。以后重九登高成为风俗。重九，农历九月初九日，又称"重阳"，古以"九"为阳数之极，九月九日故称"重九"或"重阳"。这一天要登高、饮菊花酒、佩戴茱萸，以除灾求寿。桓景，东汉汝南（治今河南平舆）人。曾随费长房学道术。重九登高饮酒佩茱萸之俗，相传与他有关。

③鸡豚（tún）：鸡和猪。古时农家所养禽畜。宴社：社日这一天大家聚在一起喝酒吃肉，宴饮玩乐。唐・王驾《社日》诗："鹅湖山下稻粱肥，豚栅鸡栖半掩扉。桑柘影斜春社散，家家扶得醉人归。"

④治聋之酒：据说社日饮酒能治疗耳聋。宋・陆游《社日》诗："幼学已忘那用忌，微聋自乐不须医。"注云："古谓社酒治聋。"

宋·叶梦得《石林诗话》卷上:"世言社日饮酒治聋,不知其何据。五代李涛有《春社从李昉求酒诗》云:'社公今日没心情,为乞治聋酒一瓶。恼乱玉堂将欲遍,依稀巡到第三厅。'昉时为翰林学士,有日给内库酒,故涛从乞之,则其传亦已久矣。"

⑤七夕牛女渡河,家家穿乞巧之针:语本南朝梁·宗懔《荆楚岁时记》:"七月七日为牵牛、织女聚会之夜。是夕,人家妇女结彩缕,穿七孔针,或以金银鍮石为针,陈瓜果于庭中以乞巧,有喜子网于瓜上,则以为符应。"七夕,农历七月初七。牛女,牛郎和织女。民间传说,牛郎、织女每年农历七月初七之夕在天河相会。乞巧,旧时风俗,农历七月七日夜,妇女在庭院向织女星乞求智巧,称为"乞巧"。

⑥中秋月朗,明皇亲游于月殿:语本(旧题)唐·柳宗元《龙城录·明皇梦游广寒宫》:"开元六年,上皇与申天师道士鸿都客,八月望日夜,因天师作术,三人同在云上游月中,过一大门在玉光中飞浮,宫殿往来无定,寒气逼人,露濡衣袖皆湿,顷见一大宫府,榜曰'广寒清虚之府',其守门兵卫甚严,白刃粲然,望之如凝雪。时三人皆止其下不得入,天师引上皇起跃,身如在烟雾中,下视王城崔峨,但闻清香霭郁,下若万里琉璃之田,其间见有仙人道人乘云驾鹤,往来若游戏。少焉步向前,觉翠色冷光相射目眩,极寒不可进,下见有素娥十余人,皆皓衣乘白鸾,往来笑舞于广陵大桂树之下,又听乐音嘈杂,亦甚清丽。上皇素解音律,熟览而意已传。顷天师亟欲归,三人下若旋风,忽悟,若醉中梦回尔。次夜上皇欲再求往,天师但笑谢不允,上皇因想素娥风中飞舞袖被,编律成音,制《霓裳羽衣舞曲》。自古洎今,清丽无复加于是矣。"后人多疑《龙城录》乃伪托柳宗元所作。《龙城录》虽未必出自柳宗元之手,但不影响其性质为唐传奇。明皇,唐玄宗(李隆基)谥至道大圣大明孝皇帝,后世诗文多称为"明皇"。相传唐明皇曾游月

宫,听闻仙乐,回来后凭记忆谱成《霓裳羽衣曲》。月殿,指传说中唐明皇所游历的广寒宫。

⑦九日风高,孟嘉帽落于龙山:语本晋·陶潜《晋故征西大将军长史孟府君传》:"君讳嘉,字万年,江夏鄂人也。……举秀才,又为安西将军庾翼府功曹,再为江州别驾、巴丘令,征西大将军谯国桓温参军。君色和而正,温甚重之。九月九日,温游龙山,参佐毕集,四弟二甥咸在坐。时佐吏并着戎服,有风吹君帽堕落。温目左右及宾客勿言,以观其举止。君初不自觉,良久如厕。温命取以还之。廷尉太原孙盛为谘议参军,时在坐。温命纸笔,令嘲之。文成示温。温以着坐处。君归见嘲,笑而请笔作答。了不容思,文辞超卓,四坐叹之。"《世说新语·识鉴》"武昌孟嘉作庾太尉州从事"条南朝梁·刘孝标注引《孟嘉别传》,《晋书·孟嘉传》亦载。某年重九,桓温在龙山宴客,孟嘉的帽子被一阵风吹落,却没有察觉,桓温叫人不要做声,并命孙盛作文嘲笑他,孟嘉看到后,提笔作答,文辞华美,大家纷纷称叹。九日,农历九月初九,即重阳日。孟嘉,字万年,东晋江夏鄠县(今河南罗山)人。是陶渊明的外祖父。少知名。太尉庾亮领江州,辟部庐陵从事,转劝学从事。后为桓温参军,为桓温所重。转从事中郎,迁长史。后以疾卒于家,时年五十一,一作"五十三"。

⑧秦人岁终祭神曰腊,故至今以十二月为腊:腊,祭名。古代称祭百神为"蜡",祭祖先为"腊",秦汉以后统称"腊"。《左传·僖公五年》:"宫之奇以其族行,曰:'虞不腊矣,在此行也,晋不更举矣。'"晋·杜预注:"腊,岁终祭众神之名。"唐·孔颖达疏:"《月令》:'孟冬腊门闾及先祖五祀。'腊之见于传记者,唯《月令》与此二文而已。《秦本纪》:'(惠王)十二年初腊。'始皇三十一年更改腊曰'嘉平'。蔡邕《独断》云:'腊者,岁终大祭,纵吏民宴饮,非迎气,故但送不迎。'应劭《风俗通》云:'案礼,夏曰'嘉平',

殷曰'清祀',周曰'大蜡',汉改曰'腊'。腊者,猎也,田猎取兽
祭先祖也。'此言'虞不腊矣',明当时有腊祭。周时猎与大蜡各
为一祭,秦汉改曰'腊',不蜡而为腊矣。"

⑨始皇当年御讳(huì)曰政,故至今读正月为征:秦始皇名政,因
"正"与"政"同音,为避其讳,改读"正月"之"正(zhèng)"为
"征(zhēng)"。宋·王楙《野客丛书·古人避讳》:"古今书籍,
其间字文率多换易,莫知所自,往往出于当时避讳而然。仆不
暇一一深考,姑著大略于兹,自可类推也。秦始皇讳政,呼'正
月'为'征月'。《史记·年表》又曰'端月',卢生曰'不敢端言
其过',秦颂曰'端平法度',曰'端直厚忠',皆避'正'字也。"
宋·周密《齐东野语·避讳》、宋·孙奕《履斋示儿编·名讳》、
宋·魏泰《东轩笔录(卷十五)》诸书皆提及避秦始皇名讳,呼"正
月"为"征月"。始皇,即秦始皇。见前《地舆》篇"秦始皇有鞭石
之法"条注。御讳,皇帝的名字。正月,夏历一年的第一个月。

【译文】

端午节划龙舟竞渡,是悼念自沉汨罗江的屈原;重阳节插茱萸登高,
是效法桓景避灾。

立春后第五个戊日是春社,户户杀猪宰鸡,祭祀土地神,人们争相饮
酒,以期医治耳聋;七月初七是七夕,牛郎织女渡河相会,家家在庭院祭
拜,妇女们穿针乞求,以期提高女红技术。

八月十五中秋夜,月光分外清朗,唐明皇在梦境中游览广寒宫;九月
初九重阳节山风很大,将孟嘉的帽子吹落在龙山。

秦朝人每年岁末祭神,称为"腊"祭,因此至今皆称十二月为腊月;
秦始皇名嬴政,秦人避其讳,读"正"为"征",因此至今沿用此例,读"正
月"为"征月"。

东方之神曰太皞,乘震而司春,甲乙属木,木则旺于春,

其色青，故春帝曰青帝①。

南方之神曰祝融，居离而司夏，丙丁属火，火则旺于夏，其色赤，故夏帝曰赤帝②。

西方之神曰蓐收，当兑而司秋，庚辛属金，金则旺于秋，其色白，故秋帝曰白帝③。

北方之神曰玄冥，乘坎而司冬，壬癸属水，水则旺于冬，其色黑，故冬帝曰黑帝④。

中央戊己属土，其色黄，故中央帝曰黄帝⑤。

【注释】

①"东方之神曰太皞（hào）"六句：语本《淮南子·天文训》："何谓五星？东方，木也，其帝太皞，其佐句芒，执规而治春；其神为岁星，其兽苍龙，其音角，其日甲乙。南方，火也，其帝炎帝，其佐朱明，执衡而治夏；其神为荧惑，其兽朱鸟，其音徵，其日丙丁。中央，土也，其帝黄帝，其佐后土，执绳而制四方；其神为镇星，其兽黄龙，其音宫，其日戊己。西方，金也，其帝少昊，其佐蓐收，执矩而治秋；其神为太白，其兽白虎，其音商，其日庚辛。北方，水也，其帝颛顼，其佐玄冥，执权而治冬；其神为辰星，其兽玄武，其音羽，其日壬癸。"暨东汉·班固《白虎通·京师》："少阳见于寅。寅者，演也。律中太蔟。律之言率，所以率气令生也。盛于卯。卯者，茂也。律中夹钟。衰于辰。辰者，震也。律中姑洗。其日甲乙。甲者，万物孚甲也。乙者，物蕃屈有节欲出。时为春。春之为言偆。偆，动也。位在东方。其色青。其音角者，气动耀也。其帝太皞。太皞者，大起万物扰也。其神勾芒。勾芒者，物之始生。芒之为言萌也。其精青龙，阴中阳故。太阳见于巳。巳者，物必起。律中中吕。壮盛于午。午，物满长。律中蕤宾。衰于

未。未，味也。律中林钟。其日丙丁。丙者，其物炳明。丁者，强也。时为夏。夏之言大也。位在南方。其色赤。其音徵。徵，止也。阳度极也。其帝炎帝。炎帝者，太阳也。其神祝融。属续也。其精朱鸟，离为鸾故。少阴见于申。申者，身也。律中夷则。壮于酉。酉者，老也。物收敛。律中南吕。衰于戌。戌者，灭也。律中无射。无射者，无声也。其日庚辛。庚者，物更也。辛者，阴始成。时为秋。秋之（为）言愁（亡）也。其位西方。其色白。其音商。商者，强也。其帝少皞。少皞者，少敛也。其神蓐收。蓐收者，缩也。其精白虎。虎之为言搏讨也故。太阴见于亥。亥者，侅也。律中应钟。壮于子。子者，孳也。律中黄钟。衰于丑。丑者，纽也。律中大吕。其日壬癸。壬者，阴始任。癸者，揆度也。时为冬。冬之为言终也。其位在北方。其音羽。羽之为言舒，言万物始孳。其帝颛顼。颛顼者，寒缩也。其神玄冥。玄冥者，入冥也。其精玄武。掩起离体泉，龟蛟珠蛤。土为中宫。其日戊己。戊者，茂也。己者，抑屈起。其音宫。宫者，中也。其帝黄帝。其神后土。"又，《礼记·月令》："孟春之月，日在营室，昏参中，旦尾中。其日甲乙。其帝大皞，其神句芒。其虫鳞。其音角，律中大簇，其数八。其味酸，其臭膻，其祀户，祭先脾。……孟夏之月，日在毕，昏翼中，旦婺女中。其日丙丁。其帝炎帝，其神祝融。其虫羽。其音徵，律中中吕。其数七。其味苦，其臭焦。其祀灶，祭先肺。……中央土，其日戊己。其帝黄帝，其神后土。其虫倮。其音宫，律中黄钟之宫。其数五。其味甘，其臭香。其祀中霤，祭先心。……孟秋之月，日在翼，昏建星中，旦毕中。其日庚辛。其帝少皞，其神蓐收。其虫毛。其音商，律中夷则。其数九。其味辛，其臭腥。其祀门，祭先肝。……孟冬之月，日在尾，昏危中，旦七星中。其日壬癸。其帝颛顼，其神玄冥。其虫介。其音羽，律中应钟。其数六，其味咸，其臭朽。其祀行，祭先肾。"

《吕氏春秋》亦有相关论述，而散在诸篇。又，《左传·昭公二十九年》："故有五行之官，是谓五官。实列受氏姓，封为上公，祀为贵神。社稷五祀，是尊是奉。木正曰'句芒'，火正曰'祝融'，金正曰'蓐收'，水正曰'玄冥'，土正曰'后土'。……少皞氏有四叔，曰重、曰该、曰脩、曰熙，实能金、木及水。使重为句芒，该为蓐收，脩及熙为玄冥，世不失职，遂济穷桑，此其三祀也。颛顼氏有子曰犁，为祝融；共工氏有子曰句龙，为后土，此其二祀也。后土为社。稷，田正也。有烈山氏之子曰柱为稷，自夏以上祀之。周弃亦为稷，自商以来祀之。"太皞，亦作"大（tài）皞"。传说中的古帝名，即伏羲氏。亦为神名。秦汉阴阳家用五帝来配四时五方，认为太皞以木德王天下，因此配东方，为司春之神。《礼记·月令》"其帝大皞"东汉·郑玄注："大皞，宓戏氏。"《吕氏春秋·孟春纪》"其帝太皞"东汉·高诱注："太皞，伏羲氏，以木德王天下之号。死，祀于东方，为木德之帝。"《荀子·正论》："自太皞、燧人莫不有也。"唐·杨倞注："太皞，伏羲也。燧人，太皞前帝王。"唐·司马贞补《史记·三皇本纪》："太皞庖牺氏，风姓，代燧人氏继天而王。"震，《周易》卦名。八卦之一，象雷，又为六十四卦之一，震下震上。震指东方。《周易·说卦》："万物出乎震。震，东方也。"司春，掌管春令。甲乙属木，甲、乙为十天干之首二位。木为五行之一，配东，配春。古代以十干配五行，甲乙属木，主生养。《吕氏春秋·孟春纪》"其日甲乙"东汉·高诱注："甲乙，木日也。"《礼记·月令》："其日甲乙"东汉·郑玄注："乙之言轧也。日之行，春东从青道，发生万物，月为之佐，时万物皆解孚甲。自抽轧而出，因以为日名焉。"唐·孔颖达疏："其当孟春、仲春、季春之时，日之生养之功，谓为甲乙。"《汉书·五行志》："木，东方也。"《南齐书·五行志》："木者，春生气之始，农之本也。"青，五色之一。古代认为青、赤、白、黑、黄这五种颜色是正色。《尚书·益稷》："以五采彰施于五色，作服，汝明。"清·孙星衍疏："五色，东方谓之'青'，南方谓之'赤'，西方谓之'白'，北方谓之'黑'，天谓之'玄'，地谓之'黄'。玄出于黑，故六者有黄无玄为五也。"春帝，即春神，司春之神。唐·陈陶《冬夜吟》诗："八埏蝼蚁厌寒栖，早晚青旗引春帝。"青帝，我国古代神话中的五天帝之一，是位于东方的司春之神，又称"苍帝""木帝"。《史记·封禅书》："秦宣公作密畤于渭南，祭青帝。"

② "南方之神曰祝融"六句：祝融，传说中帝喾时的火官，后被尊为火神，号赤帝。亦为南方之神，南海之神。《国语·郑语》："夫黎为高辛氏火正，以淳耀敦大，天明地德，光照四海，故命之曰'祝融'，其功大矣。"《左传·昭公二十九年》："颛顼氏有子曰'犁'，为祝融。"《礼记·月令》"其神祝融"东汉·郑玄注："祝融，颛顼氏之子曰'黎'，为火官。"《吕氏春秋·孟夏纪》"其神祝融"东汉·高诱注："祝融，颛顼氏后老童之子吴回也。为高辛氏火正，死为火官之神。"《汉书·扬雄传》："丽钩芒与骖蓐收兮，服玄冥及祝融。"唐·颜师古注："祝融，南方神。"唐·韩愈《南海神庙碑》："考于传记，而南海神次最贵，在北、东、西三神河伯之上，号为祝融。"离，《周易》卦名。八卦之一，代表火，又为六十四卦之一，离下离上。离指南方。《周易·说卦》："离也者，明也，万物皆相见，南方之卦也。"丙丁属火，丙、丁是十天干的三、四两位。火为五行之一。古代以十干配五行，丙丁属火，配南，配夏。《吕氏春秋·孟夏纪》"其日丙丁"东汉·高诱注："丙丁，火日也。"《礼记·月令》"其日丙丁"东汉·郑玄注："丙之言炳也。日之行，夏南从赤道，长育万物，月为之佐。时万物皆炳然著见而强大，又因以为日名焉。"《汉书·五行志》："火，南方，扬光辉为明者也。其于王者，南面乡明而治。"赤帝，即祝融。《淮南子·时则训》："南方之极，……赤帝祝融之所司者，万二千里。"《后汉书·祭祀志

中》:"立夏之日,迎夏于南郊,祭赤帝祝融。"

③"西方之神曰蓐(rù)收"六句:蓐收,古代传说中的西方神名。司秋,是白帝少昊的辅佐神。《礼记·月令》"其神蓐收"东汉·郑玄注:"蓐收,少皞氏之子曰'该',为金官。"《左传·昭公二十九年》:"金正曰'蓐收',……该为蓐收。"《吕氏春秋·孟秋纪》"其神蓐收"东汉·高诱注:"少皞氏裔子曰'该',皆有金德,死托祀为金神。"《国语·晋语二》:"虢公梦在庙,有神,人面白毛虎爪,执钺立于西阿。……觉,召史嚚占之,对曰:'如君之言,则蓐收也,天之刑神也。'"三国吴·韦昭注:"蓐收,西方白虎金正之官也。《传》曰:'少皞氏有子该,为蓐收。'"兑,《周易》卦名。八卦之一,又为六十四卦之一。象征沼泽。庚辛属金,庚、辛是十天干的五、六两位。金为五行之一,配西,配秋。古代以十干配五行,庚辛属金。《吕氏春秋·孟秋纪》"其日庚辛"东汉·高诱注:"庚辛金日也。"《礼记·月令》"其日庚辛"东汉·郑玄注:"庚之言更也。辛之言新也。日之行,秋西从白道,成熟万物,月为之佐。万物皆肃然改更,秀实新成,又因以为日名焉。"《汉书·五行志》:"金,西方,万物既成,杀气之始也。"白帝,古神话中五天帝之一,主西方之神。《周礼·天官·大宰》"祀五帝"唐·贾公彦疏:"五帝者,东方青帝灵威仰,南方赤帝赤熛怒,中央黄帝含枢纽,西方白帝白招拒,北方黑帝汁光纪。"

④"北方之神曰玄冥(míng)"六句:玄冥,传说中的水神,一说为雨师,又为冬神,北方之神。《礼记·月令》"其神玄冥"东汉·郑玄注:"玄冥,少皞氏之子曰'脩'曰'熙',为水官。"《吕氏春秋·孟冬纪》"其神玄冥"东汉·高诱注:"玄冥,官也。少皞氏之子曰'脩'为玄冥师,死祀为水神。"《汉书·扬雄传》:"帝将惟田于灵之囿,开北垠,受不周之制,以终始颛顼、玄冥之统。"唐·颜师古注引东汉·应劭曰:"颛顼、玄冥,皆北方之神,主杀戮也。"坎,

《周易》卦名。八卦之一。坎象征险难，代表水，为北方之卦。《周易·说卦》："坎者，水也。正北方之卦也，劳卦也，万物之所归也。"壬癸（guǐ）属水，壬、癸是十天干的七、八两位。水为五行之一，配北，配冬。古代以十干配五行，壬癸属水。《吕氏春秋·孟冬纪》"其日壬癸"东汉·高诱注："壬癸，水日。"《礼记·月令》"其日壬癸"东汉·郑玄注："壬之言任也。癸之言揆也。日之行，冬，北从黑道，闭藏万物，月为之佐。时万物怀任于下，揆然萌牙，又因以为日名焉。"《汉书·五行志》："水，北方，终臧万物者也。"黑帝，我国古代神话中的五天帝之一，古指北方之神。

⑤"中央戊（wù）己属土"三句：戊己属土，戊、己是十天干的九、十两位。土为五行之一，配中央。古以十干配五方，戊己属土。《礼记·月令》："中央土，其日戊己。其帝黄帝，其神后土。"东汉·郑玄注："戊之言茂也，己之言起也。日之行四时之间，从黄道，月为之佐。至此万物皆枝叶茂盛。其含秀者，抑屈而起，故因以为日名焉。此黄精之君，土官之神，自古以来，著德立功者也。黄帝，轩辕氏也。后土，亦颛顼氏之子曰'黎'，兼为土官。"《吕氏春秋·季夏纪》："中央土，其日戊己。其帝黄帝，其神后土。"东汉·高诱注："戊己，土日。土，王中央也。黄帝，少典之子，以土德王天下，号轩辕氏，死托祀为中央之帝。后土，官。共工氏子句龙能平九土，死托祀为后土之神。"《汉书·五行志》："土，中央，生万物者也。"西汉·董仲舒《春秋繁露·五行相生》："中央者土，君官也。"黄帝，我国古代神话中的五天帝之一，指中央之神。亦即轩辕氏。

【译文】

东方大神名太皞，居八卦之震位，执掌春季，对应天干中的甲、乙，五行属木，木德春天最旺，配青色，所以春帝又称为"青帝"。

南方大神名祝融，居八卦之离位，执掌夏季，对应天干中的丙、丁，五行属火，火德夏天最旺，配赤色，所以夏帝又称为"赤帝"。

西方大神名蓐收,居八卦之兑位,执掌秋季,对应天干中的庚、辛,五行属金,金德秋天最旺,配白色,所以秋帝又称为"白帝"。

北方大神名玄冥,居八卦之坎位,执掌冬季,对应天干中的壬、癸,五行属水,水德冬天最旺,配黑色,所以冬帝又称为"黑帝"。

四方之中央,对应天干中的戊、己,五行属土,配黄色,所以中央帝又称"黄帝"。

　　夏至一阴生,是以天时渐短;冬至一阳生,是以日晷初长①。

　　冬至到而葭灰飞②,立秋至而梧叶落③。

　　上弦谓月圆其半,系初八九;下弦谓月缺其半,系廿二三④。

　　月光都尽谓之晦,三十日之名;月光复苏谓之朔,初一日之号;月与日对谓之望,十五日之称⑤。

　　初一是死魄,初二旁死魄,初三哉生明,十六始生魄⑥。

【注释】

①"夏至一阴生"四句:语本《周易·复卦》"《象》曰:雷在地中,复。先王以至日闭关,商旅不行,后不省方。"三国魏·王弼注:"冬至,阴之复也。夏至,阳之复也。"唐·孔颖达疏:"冬至一阳生,是阳动用而阴复于静也。夏至一阴生,是阴动用而阳复于静也。"冬至后白天渐长,古代认为是阳气初动,故冬至又称"一阳生"。夏至后白天渐短,古代认为是阴气初动,所以夏至又称"一阴生"。唐以后言《易》者喜说"夏至一阴生""冬至一阳生",亦为唐人诗文习用语。唐·杜牧《冬至日遇京使发寄舍弟》诗:"远信初逢(一作"凭")双鲤去,他乡正遇一阳生。"唐·李郢《冬至后西湖泛舟看断冰偶成长句》:"一阳生后阴飙竭,湖上层冰看折时。"唐·白居易《思归》诗:"夏至一阴生,稍稍夕漏迟。"唐·权德舆《夏

至日作》诗：“寄言赫羲景，今日一阴生。”又，东汉·班固《白虎通·诛伐》：“冬至，所以休兵，不举事，闭关，商旅不行，何？此日阳气微弱，王者承天理物，故率天下静，不复行役，扶助微气，成万物也。故《孝经谶》曰：‘夏至阴气始动，冬至阳气始萌。’《易》曰：‘先王以至日闭关，商旅不行。’夏至，阴始起，反大热何？阴气始起，阳气推而上，故大热也。冬至，阳始起，阴气推而上，故大寒也。”则《孝经谶》早有“夏至阴气始动，冬至阳气始萌”之说。夏至，二十四节气之一。在公历六月二十一日或二十二日。这天北半球昼最长，夜最短；南半球则相反。此日太阳最近北回归线，（中国）阳气盛极而始衰，阴气始至，故曰“夏至”。冬至，二十四节气之一。在公历十二月二十二日前后。这天北半球昼最短，夜最长；南半球则相反。此日太阳最近南回归线，（中国）阴气盛极而始衰，阳气始至，故曰“冬至”。日晷（guǐ），古代测日影定时刻的仪器。由晷盘和晷针组成。此指白昼时间。

②葭（jiā）灰：葭莩之灰，古人烧苇膜成灰，置于律管中，放密室内，以占气候。某一节候到，某律管中葭灰即飞出，表示该节候已到。《后汉书·律历志上》：“夫五音生于阴阳，分为十二律，转生六十，皆所以纪斗气，效物类也。天效以景，地效以响，即律也。阴阳和则景至，律气应则灰除。是故天子常以日冬夏至御前殿，合八能之士，陈八音，听乐均，度晷景，候钟律，权土炭，效阴阳。冬至阳气应，则乐均清，景长极，黄钟通，土炭轻而衡仰。夏至阴气应，则乐均浊，景短极，蕤宾通，土炭重而衡低。进退于先后五日之中，八能各以候状闻，太史封上。郊则和，否则占。候气之法，为室三重，户闭，涂衅必周，密布缇缦。室中以木为案，每律各一，内庳外高，从其方位，加律其上，以葭莩灰抑其内端，案历而候之。气至者灰动。其为气所动者其灰散，人及风所动者其灰聚。”

③立秋至而梧叶落：语本宋·吴自牧《梦粱录·七月（立秋附）》：

"立秋日，太史局委官吏于禁廷内，以梧桐树植于殿下，俟交立秋时，太史官穿秉奏曰：'秋来。'其时梧叶应声飞落一二片，以寓报秋意。都城内外，侵晨满街叫卖楸叶，妇人女子及儿童辈争买之，剪如花样，插于鬓边，以应时序。"梧桐树落叶偏早，立秋时节，便开始落了，是以古人以梧叶落占秋。清·汪灏《广群芳谱（卷七十三）·木谱六·桐》："立秋之日，如某时立秋，至期一叶先坠，故云：'梧桐一叶落，天下尽知秋。'"立秋，二十四节气之一，在阳历八月七、八或九日，农历七月初。《逸周书·时训》："立秋之日，凉风至；又五日，白露降；又五日，寒蝉鸣。"《礼记·月令》："（孟秋之月）是月也，以立秋。先立秋三日，大史谒之天子曰：'某日立秋，盛德在金。'天子乃齐。立秋之日，天子亲帅三公九卿诸侯大夫，以迎秋于西郊。还反，赏军帅武人于朝。天子乃命将帅，选士厉兵，简练桀俊，专任有功，以征不义，诘诛暴慢，以明好恶，顺彼远方。"

④"上弦谓月圆其半"四句：语本唐·孔颖达疏《毛诗正义》。《诗经·小雅·天保》："如月之恒，如日之升。"毛传："恒，弦。升，出也。言俱进也。"郑笺："月上弦而就盈，日始出而就明。"孔疏："弦有上下，知上弦者，以对如日之升，是益进之义，故知上弦矣。日月在朔交会，俱右行于天，日迟月疾。从朔而分，至三日，月去日已当二次，始死魄而出，渐渐远日，而月光稍长。八日、九日，大率月体正半，昏而中，似弓之张而弦直，谓上弦也。后渐进，至十五、十六日，月体满，与日正相当，谓之'望'，云体满而相望也。从此后渐亏，至二十三日、二十四日，亦正半在，谓之'下弦'。于后亦渐亏，至晦而尽也。以取渐进之义，故言'上弦'，不云'望'。"《毛诗正义》云"至二十三日、二十四日，亦正半在，谓之'下弦'"，而本篇云"下弦谓月缺其半，系廿（niàn）二三"，盖因《幼学琼林》以联语形式写成，联语讲究对仗，本联上句尾字"九"

为仄声,下句尾字当用平声,故变换《毛诗正义》"二十三日、二十四日"为"廿二三"。上弦,月相之一。农历每月初八或初九,太阳跟地球的连线和地球跟月亮的连线成直角时,在地球上看到的月相呈"D"字形,像张弓施弦的样子,称"上弦"。下弦,月相之一。农历每月二十二日或二十三日,太阳跟地球的连线和地球跟月亮的连线成直角时,在地球上看到月亮呈反"D"字形,像张弓施弦的样子,称"下弦"。又此二句及下三句,亦本《释名·释天》:"晦,灰也。火死为灰,月光尽,似之也。朔,苏也。月死复苏生也。弦,月半之名也。其形一旁曲一旁直,若张弓施弦也。望,月满之名也。月大十六日,小十五日。日在东,月在西,遥相望也。"暨东汉·王充《论衡·四讳》:"世俗防禁,竟无经也。月之晦也,日月合宿,纪为一月。犹八日,日月中分谓之'弦';十五日,日月相望谓之'望';三十日,日月合宿谓之'晦'。'晦'与'弦''望'一实也,非月晦日月光气与月朔异也,何故逾月谓之吉乎? 如实凶,逾月未可谓吉;如实吉,虽未逾月,犹为可也。"《朱子语类》卷二:"月之望,正是日在地中,月在天中,所以日光到月,四伴更无亏欠;唯中心有少压翳处,是地有影蔽者尔。及日月各在东西,则日光到月者止及其半,故为上弦;又减其半,则为下弦。逐夜增减,皆以此推。"又,《后汉书·律历志》:"推弦、望日,因其月朔大小余之数,皆加大余七,小余三百五十九四分三,小余满蔀月得一,加大余,大余命如法,得上弦。又加得望,次下弦,又后月朔。其弦、望小余二百六十以下,每以百刻乘之,满蔀月得一刻,不满其所近节气夜漏之半者,以算上为日。"《后汉书·律历志》所载以月相纪日推算方法,为历代正史志书沿袭。

⑤"月光都尽谓之晦(huì)"六句:语本宋·朱熹《诗集传·小雅·十月之交》首章"十月之交,朔月辛卯。日有食之,亦孔之丑。彼月而微,此日而微。今此下民,亦孔之哀"注:"交,日月交会,谓晦

朔之间也。历法,周天三百六十五度四分度之一。左旋于地,一昼一夜,则其行一周而又过一度。日月皆右行于天,一昼一夜,则日行一度,月行十三度十九分度之七。故日一岁而一周天,月二十九日有奇而一周天,又逐及于日而与之会。一岁凡十二会。方会,则月光都尽而为晦。已会,则月光复苏而为朔。朔后、晦前,各十五日,日月相对,则月光正满而为望。晦朔而日月之合,东西同度,南北同道,则月掩日而日为之食。望而日月之对,同度同道,则月亢日而月为之食。是皆有常度矣。"晦、朔、望,皆为月相。晦,指阴历每月的最后一日(通常是三十日)。这一天看不到月亮。《说文解字》:"晦,月尽也。"朔,指阴历每月初一,这天月球运行到地球和太阳之间,和太阳同时出没,地球上看不到月光。《说文解字》:"朔,月一日始苏也。"望,指阴历每月十五日,地球运行到太阳与月亮之间,当月亮和太阳的黄经相差一百八十度,太阳从西方落下,月亮正好从东方升起之时,地球上看见的月亮最圆满,这种月相叫"望"。

⑥"初一是死魄"四句:语本《尚书·武成》:"惟一月壬辰,旁死魄。越翼日,癸巳,王朝步自周,于征伐商。厥四月,哉生明,王来自商,至于丰。乃偃武修文,归马于华山之阳,放牛于桃林之野,示天下弗服。丁未,祀于周庙,邦甸、侯、卫,骏奔走,执豆、笾。越三日,庚戌,柴、望,大告武成。既生魄,庶邦冢君暨百工,受命于周。"西汉·孔安国传:"(旁死魄)旁,近也。月二日,近死魄。""(哉生明)哉,始也。始生明,月三日,与死魄互言。""(既生魄)魄生明死,十五日之后。"唐·孔颖达疏:"(旁死魄)魄者,形也,谓月之轮郭无光之处名魄也。朔后明生而魄死,望后明死而魄生。《律历志》云:'死魄,朔也。生魄,望也。'《顾命》云:'惟四月哉生魄。'传云:'始生魄,月十六日也。'月十六日为始生魄,是一日为始死魄,二日近死魄也。""(哉生明)《顾命》传以'哉生魄'

为十六日，则'哉生明'为月初矣。以三日月光见，故传言'始生明，月三日'也。此经无日，未必非二日也。生明、死魄俱是月初。上云'死魄'，此云'生明'，而魄死明生互言耳。"暨《尚书·康诰》："惟三月哉生魄，周公初基，作新大邑于东国洛。"西汉·孔安国传："始生魄，月十六日，明消而魄生。"唐·孔颖达疏："魄与明反，故云'明消而魄生'。"暨《尚书·顾命》："惟四月哉生魄，王不怿。"西汉·孔安国传："始生魄，月十六日。""死魄""生魄""生明"为上古月相名，见于《尚书》。旧谓月亮的有光部分为"明"，无光部分为"魄"。朔（初一）后月明渐增，月魄渐减，故谓之"死魄"。反之，望（十五）后月明渐减，月魄渐生，即谓之"生魄"。死魄，指阴历每月初一。此日见不到月亮。《逸周书·世俘解》："越若来，二月既死魄。"晋·孔晁注："朔后为死魄。"旁死魄，指阴历每月初二。《汉书·律历志下》引《尚书·武成》作"旁死霸"，唐·颜师古注："孟康曰：'月二日以往，月生魄死，故言死魄。魄，月质也。'霸，古'魄'字同。"哉生明，指阴历每月初三日。此日，月亮开始有光。始生魄，指阴历每月十六日。此日，月始缺，即始生月魄。

【译文】

夏至日阳气盛极而始衰，阴气开始萌动，是以此后白昼一天比一天短；冬至日阴气盛极而始衰，阳气开始萌动，是以此后白昼一天比一天长。

一到冬至，阳气萌动，候气律管中的葭莩灰就会飞起来；一到立秋，梧桐树上的叶子就纷纷飘落。

上弦月，指月亮圆了半边，是阴历每月初八、初九；下弦月，指月亮缺了半边，是阴历每月二十二、二十三。

完全没有了月光叫作"晦"，指阴历每月三十；月光从无到有叫作"朔"，指阴历每月初一；月亮和太阳遥遥相对，彼此都能看得见对方，叫作"望"，指阴历每月十五。

初一的月亮像死灰一样，叫"死魄"；初二的月亮稍微有一点儿微光，叫"旁死魄"；初三的月亮才生出光来，叫"哉生明"；十六的月亮开始有残缺，叫"始生魄"。

翌日、诘朝[①]，皆言明日；榖旦、吉旦[②]，悉是良辰。

片晌[③]，即谓片时；日曛[④]，乃云日暮。

畴昔、曩者[⑤]，俱前日之谓；黎明、昧爽[⑥]，皆将曙之时[⑦]。

月有三浣：初旬十日为上浣，中旬十日为中浣，下旬十日为下浣[⑧]；学足三余：夜者日之余，冬者岁之余，雨者晴之余[⑨]。

【注释】

① 翌（yì）日：明天。《汉书·武帝纪》："翌日亲登嵩高，御史乘属，在庙旁吏卒咸闻呼万岁者三。"诘（jié）朝：明天一早。《左传·僖公二十八年》："戒尔车乘，敬尔君事，诘朝将见。"晋·杜预注："诘朝，平旦。"

② 榖（gǔ）旦：良辰，晴朗美好的日子。旧时常用为吉日的代称。《诗经·陈风·东门之枌》："榖旦于差，南方之原。"毛传："榖，善也。"郑笺："旦，明。"孔疏："见朝日善明，无阴云风雨，则日可以相择而行乐矣。"吉旦：泛指吉祥美好的日子。

③ 片晌：片刻。

④ 日曛（xūn）：日色昏黄。指天色已晚。唐·杜甫《信行远修水筒》诗："日曛惊未餐，貌赤愧相对。"

⑤ 畴（chóu）昔：往日，从前。《礼记·檀弓上》："予畴昔之夜，梦坐奠于两楹之间。"东汉·郑玄注："畴，发声也。昔，犹前也。"曩（nǎng）者：昔时，从前。《左传·襄公二十四年》："曩者志入而已，今则怯也。"唐·孔颖达疏："曩，犹向也。"《礼记·檀弓下》："曩

者尔心或开予,是以不与尔言。"东汉·郑玄注:"曩,向也,谓始来入时。"《说文解字》:"曩,向也。"

⑥黎明:天将明未明的时候。《史记·高祖本纪》:"黎明围宛城三帀。"唐·司马贞索隐:"黎,犹比也,谓比至天明。"昧(mèi)爽:拂晓,黎明。《尚书·牧誓》:"时甲子昧爽,王朝至于商郊牧野。"西汉·孔安国传:"昧,冥;爽,明,早旦。"

⑦曙:天亮,破晓。《楚辞·九章·悲回风》:"涕泣交而凄凄兮,思不眠以至曙。"

⑧"月有三浣(huàn)"四句:三浣,唐制,官吏每十日休息一次,洗衣洗澡。后称一个月上旬、中旬、下旬为"上浣""中浣""下浣",合称"三浣"。明·杨慎《丹铅总录·时序·三浣》:"俗以上浣、中浣、下浣为上旬、中旬、下旬,盖本唐制十日一休沐。故韦应物诗曰'九日驰驱一日闲',白乐天诗曰'公假月三旬'。"

⑨"夜者日之余"三句:语本《三国志·魏书·王肃传》:"明帝时大司农弘农董遇等,亦历注经传,颇传于世。"南朝宋·裴松之注引三国魏·鱼豢《魏略》:"遇言:'读书当以三余。'或问三余之意。遇言'冬者岁之余,夜者日之余,阴雨者时之余也'。"三余,三国时期的董遇勤奋好学,充分利用冬天、夜里、阴雨天三个空闲时段读书,称为"三余"。后以"三余"指空闲时间。

【译文】

"翌日""诘朝",都是明天的别称;"穀旦""吉旦",都指吉祥的好日子。

"片晌",是说片刻;"日曛",是说日将落、天色渐晚的样子。

"畴昔""曩者",都是前日的别称;"黎明""昧爽",都指天将破晓的时候。

一个月分为"三浣":初旬十天称"上浣",中旬十天称"中浣",下旬十天称"下浣";做好学问要充分利用"三余"时间:夜晚是白昼之余,冬季是一年之余,雨天是晴天之余。

以术愚人，曰朝三暮四^①；为学求益，曰日就月将^②。

焚膏继晷，日夜辛勤^③；俾昼作夜，晨昏颠倒^④。

自愧无成^⑤，曰虚延岁月^⑥；与人共话，曰少叙寒暄^⑦。

可憎者，人情冷暖^⑧；可厌者，世态炎凉^⑨。

周末无寒年，因东周之懦弱；秦亡无燠岁，由嬴氏之凶残^⑩。

【注释】

①以术愚人，曰朝三暮四：语本《庄子·齐物论》："狙公赋芧，曰：'朝三而暮四。'众狙皆怒。曰：'然则朝四而暮三。'众狙皆悦。"狙（jū），猿猴。芧（xù），橡子也，似栗而小。养猴人给群猴分橡子，说早上三个晚上四个，群猴都发怒；说早上四个晚上三个，群猴都很高兴。"朝三暮四"，原指变换名目，不变实质行欺骗，后用来比喻变化多端或反复无常。

②为学求益，曰日就月将：语本《诗经·周颂·敬之》："日就月将，学有缉熙于光明。"毛传："将，行也。"郑笺："日就月行，言当习之以积渐也。"孔疏："日就，谓学之使每日有成就；月将，谓至于一月则有可行。言当习之以积渐也。"朱子集传："将，进也。……日有所就，月有所进，续而明之，以至于光明。"日就月将，求学每天有成就，每月有进步。就，成就。将，大。喻进步。

③焚膏继晷（guǐ），日夜辛勤：语本唐·韩愈《进学解》："焚膏油以继晷，恒兀兀以穷年。"后以"焚膏继晷"形容夜以继日地勤奋学习、工作等。膏，油脂之属。指灯烛。晷，日光。

④俾（bǐ）昼作夜，晨昏颠倒：语出《诗经·大雅·荡》："文王曰咨，咨女殷商。天不湎尔以酒，不义从式。既衍尔止，靡明靡晦。式号式呼，俾昼作夜。"毛传："使昼为夜也。"郑笺："醉则号呼相效，用昼日作夜，不视政事。"把白昼当作夜晚，指不分昼夜地寻

欢作乐。

⑤无成：没有成就。唐·杜甫《客居》："儒生老无成，臣子忧四藩。"

⑥虚延岁月：白白地拖延（浪费）时间。

⑦少叙寒暄（xuān）：指与人交谈不多。寒暄，即问寒问暖，指见面时谈天气冷暖之类的应酬话。暄，温暖。

⑧人情冷暖：指在别人得势时就奉承巴结，失势时就不理不睬。比喻世态炎凉，人情变化。人情，指应酬，交际往来。冷暖，寒冷和温暖。唐·刘得仁《送车涛罢举归山》诗："朝是暮还非，人情冷暖移。"

⑨世态炎凉：指趋炎附势、人走茶凉的人情世故。世态，世俗的情态，多指人情淡薄而言。炎凉，比喻人情势利，反复无常。宋·文天祥《杜架阁》诗之二："世态炎凉甚，交情贵贱分。"

⑩"周末无寒年"四句：语本《汉书·五行志》："周失之舒，秦失之急，故周衰亡寒岁，秦灭亡奥年。"东周，周朝都城于前770年自镐京（今陕西西安）东迁至雒邑（今河南洛阳），历史上称东迁以后的周王朝为"东周"（前770—前256），之前国都在镐京的时期则称为"西周"。东周又分为春秋和战国两个时期。其间战国时期，作为中央政权的东周王朝，已名存实亡。奥（yù），热。嬴（yíng）氏，指秦始皇。

【译文】

用诈术愚弄欺骗他人，称"朝三暮四"；好好学习，日求增益，称"日就月将"。

"焚膏继晷"，是形容一个人挑灯夜战，日夜辛劳；"俾昼作夜"，是说把白天和夜晚的作息弄颠倒了。

一事无成而自觉惭愧，可以自谦说"虚延岁月"；与人交谈讲几句客套话，可称"少叙寒暄"。

"人情冷暖"，羡富嫌贫，面目可憎；"世态炎凉"，趋炎附势，十分讨厌。

周朝末年没有寒冷的年份，是因为东周王室太过懦弱；秦朝灭亡之际没有暖年，是因为秦始皇的统治过于残暴。

　　泰阶星平，曰泰平[①]；时序调和，曰玉烛[②]。

　　岁歉[③]，曰饥馑之岁[④]；年丰，曰大有之年[⑤]。

　　唐德宗之饥年，醉人为瑞[⑥]；梁惠王之凶岁，野莩堪怜[⑦]。

　　丰年玉，荒年谷，言人品之可珍[⑧]；薪如桂，食如玉，言薪米之腾贵[⑨]。

　　春祈秋报[⑩]，农夫之常规；夜寐夙兴[⑪]，吾人之勤事。

　　韶华不再[⑫]，吾辈须当惜阴；日月其除[⑬]，志士正宜待旦[⑭]。

【注释】

①泰阶星平，曰泰平：语本《黄帝泰阶六符经》。《黄帝泰阶六符经》早佚，唐·颜师古注《汉书》引东汉·应劭语，有《黄帝泰阶六符经》云云。《汉书·东方朔传》："愿陈《泰阶六符》以观天变。"唐·颜师古注："孟康曰：'泰阶，三台也。每台二星，凡六星。符，六星之符验也。'应劭曰：'《黄帝泰阶六符经》曰：泰阶者，天之三阶也。上阶为天子，中阶为诸侯、公卿、大夫，下阶为士庶人。上阶上星为男主，下星为女主。中阶上星为诸侯、三公，下星为卿大夫。下阶上星为元士，下星为庶人。三阶平则阴阳和，风雨时，社稷神祇咸获其宜，天下大安，是为太平。三阶不平，则五神乏祀，日有食之，水润不浸，稼穑不成，冬雷夏霜，百姓不宁。故治道倾，天子行暴令，好兴甲兵，修宫榭，广苑囿，则上阶为之奄奄疏阔也。'"又，《晋书·天文志上·中宫》："三台六星，两两而居，起文昌，列抵太微。一曰天柱，三公之位也。在人曰三公，在天曰三台，主开德宣符也。西近文昌二星曰上台，为司命，主寿。次二星

曰中台，为司中，主宗室。东二星曰下台，为司禄，主兵，所以昭德
塞违也。又曰三台为天阶，太一蹑以上下。一曰泰阶。上阶，上
星为天子，下星为女主；中阶，上星为诸侯、三公，下星为卿大夫；
下阶，上星为士，下星为庶人：所以和阴阳而理万物也。君臣和
集，如其常度，有变则占其人。"泰阶，古星座名，即三台。上台、
中台、下台共六星，两两并排而斜上，如阶梯，故名。泰阶星由六
颗星组成，古时认为这些星分别代表天子、诸侯、卿大夫和士庶
人。泰阶星平正，天下就大治，称"泰平"，后来写作"太平"；泰
阶星斜则天下大乱。泰平，即太平，时世安宁和平。

②时序调和，曰玉烛：语本《尔雅·释天》："四气和谓之'玉烛'。"
晋·郭璞注："道光照。"宋·邢昺疏："'道光照'者：道，言也。言
四时和气，温润明照，故曰'玉烛'。"又，《尸子·仁意》："四气
和，正光照，此之谓'玉烛'。"时序，时间的先后，季节的次序。
《文选·陆机〈赠尚书郎顾彦先〉》："凄风近时序，苦雨遂成霖。"
唐·李善注："《庄子》曰：阴阳四时运行，各得其序。"调和，使和
顺。玉烛，指四时之气和畅，形容太平盛世。古人认为烛龙之神
主宰四季和白天黑夜，龙衔玉烛则时序调和。烛龙是中国古代神
话中的神兽，人面龙身，口中衔烛。

③岁歉：歉收，年成不好。

④饥馑（jǐn）：灾荒，庄稼没有收成。《尔雅·释天》："谷不熟为饥，
蔬不熟为馑。"

⑤年丰，曰大有之年：语本《公羊传·桓公三年》："有年。有年何
以书？以喜书也。大有年何以书？亦以喜书也。此其曰'有年
何'？仅有年也。彼其曰'大有年何'？大丰年也。仅有年，亦足
以当喜乎？恃有年也。"暨《穀梁传·宣公十六年》："五谷大熟，
为大有年。"年丰，谓年成丰收。《左传·桓公六年》："奉盛以告
曰：'洁粢丰盛，谓其三时不害而民和年丰也。'"大有，《易》卦名。

乾下离上，象征大、多。《周易·序卦》曰："与人同者，物必归焉，故受之以大有。"古称五谷大熟为"大有之年"。《春秋·宣公十六年》："冬，大有年。"

⑥唐德宗之饥年，醉人为瑞：语本《资治通鉴·唐纪·唐德宗贞元二年》："关中仓廪竭，禁军或自脱巾呼于道曰：'拘吾于军而不给粮，吾罪人也！'上忧之甚，会韩滉运米三万斛至陕，李泌即奏之。上喜，遽至东宫，谓太子曰：'米已至陕，吾父子得生矣！'时禁中不酿，命于坊市取酒为乐。又遣中使谕神策六军，军士皆呼万岁。时比岁饥馑，兵民率皆瘦黑，至是麦始熟，市有醉人，当时以为嘉瑞。人乍饱食，死者复伍之一。数月，有肤色乃复故。"唐德宗，李适（742—805），唐朝皇帝。唐代宗长子。唐玄宗天宝元年（742）封奉节郡王。唐代宗宝应元年（762）为天下兵马元帅，改封鲁王，八月改封雍王。广德二年（764）封为皇太子。大历十四年（779）五月即位。嗣位后，初政清明，以强明自任，用杨炎为相，废租庸调制，改行"两税法"。后用卢杞等，因为乱阶。建中四年（783），泾原兵变，犯京师，逃奔奉天。兴元元年（784），李晟率军收复长安，乃还。自此政惟姑息，方镇日强。贞元二十一年（805）正月卒。庙号德宗。在位二十六年，卒谥神武孝文皇帝。生平事迹见新、旧《唐书》本纪。醉人为瑞，饥荒之年，无粮酿酒。如果偶尔有人喝醉，大家都认为是祥瑞之兆。

⑦梁惠王之凶岁，野莩（piǎo）堪怜：语本《孟子·梁惠王上》："庖有肥肉，厩有肥马，民有饥色，野有饿莩。"梁惠王，即魏惠王魏䓨，战国时期魏国的第三代君主，魏武侯之子，前370年即位。即位后迁都大梁。与赵、韩构恶，被齐军大败于马陵。又屡败于秦。召集逢泽之会，改侯称王。卑礼厚币以招贤者，邹衍、孟轲等至大梁。轲尝劝王行仁义而不能用。国势渐衰。在位三十六年（一说五十二年）。凶岁，凶年，荒年。野莩，指饿死在野外的人。

莩,通"殍(piǎo)",饿死的人。

⑧"丰年玉"三句:语本南朝宋·刘义庆《世说新语·赏誉》:"世称庾文康为丰年玉,稚恭为荒年谷。"南朝梁·刘孝标注:"谓亮有廊庙之器,翼有匡世之才,各有用也。"世人称颂庾亮(字文康)像丰年的美玉,称颂庾翼(字稚恭)像灾荒年头的粮食。后多用以比喻可贵的人才。

⑨"薪(xīn)如桂"三句:语本《战国策·楚策三》:"苏秦之楚,三日乃得见乎王。谈卒,辞而行。楚王曰:'寡人闻先生,若闻古人。今先生乃不远千里而临寡人,曾不肯留,愿闻其说。'对曰:'楚国之食贵于玉,薪贵于桂,谒者难得见如鬼,王难得见如天帝。今令臣食玉炊桂,因鬼见帝。'"苏秦说楚国的柴薪贵得和桂一样,粮食贵得和玉一样。后用"食玉炊桂"比喻物价昂贵,生活艰难。腾(téng)贵,物价上涨,昂贵。

⑩春祈(qí)秋报:语本《毛诗序》:"《载芟》,春籍田而祈社稷也。《良耜》,秋报社稷也。"暨东汉·郑玄《诗谱·周颂谱》:"既谋事求助,致敬民神,春祈秋报,故次《载芟》《良耜》也。"又,《周礼·小宗伯》:"社之日,莅卜来岁之稼。"唐·贾公彦疏:"言'莅卜来岁之稼'者,祭社有二时,谓春祈秋报。报者,报其成熟之功。"又,东汉·班固《白虎通·社稷》:"岁再祭之何? 春求秋报之义也。"春祈秋报,古人在春、秋两季祭祀土神,春耕时祈祷风调雨顺,秋收报答神功。

⑪夜寐(mèi)夙(sù)兴:语本《诗经·卫风·氓》:"夙兴夜寐,靡有朝矣。"郑笺:"无有朝者,常早起夜卧,非一朝然。言已亦不解惰。"孔疏:"早起夜卧,无有一朝一夕而自解惰。"朱子集传:"靡,不。夙,早。兴,起也。……早起夜卧,无有朝旦之暇。"意为晚睡早起,形容勤奋。寐,睡。夙,早。兴,起。

⑫韶(sháo)华:美好的年华。指青春年少。为唐宋诗文习用语。

唐·李贺《嘲少年》诗："莫道韶华镇长在，发白面皱专相待。"宋·秦观《江城子》："韶华不为少年留。恨悠悠，几时休。"明·刘嵩《秋兴四首·其二》："韶华不再返，春去夏亦徂。"

⑬日月其除：语本《诗经·唐风·蟋蟀》："蟋蟀在堂，岁聿其莫。今我不乐，日月其除。"郑笺："蟋在堂，岁时之候，是时农功毕，君可以自乐矣。今不自乐，日月且过去，不复暇为之。"朱子集传："除，去也。"指时光将过去，光阴不待人。除，离去，不存在。

⑭待旦："坐以待旦"的省称，坐着等待天亮。常用以表示勤谨。《尚书·太甲上》："先王昧爽丕显，坐以待旦，旁求俊彦，启迪后人，无越厥命以自覆。"《孟子·离娄下》："周公思兼三王，以施四事；其有不合者，仰而思之，夜以继日；幸而得之，坐以待旦。"唐·柳宗元《与杨诲之第二书》："惟此文王，小心翼翼，日昃不暇食，坐以待旦。"

【译文】

泰阶的六颗星宿平正，象征国泰民安，称为"泰平"；一年四季风调雨顺，是因为烛龙神口中烛火长明，称为"玉烛"。

年成不好，农业歉收，粮食和蔬菜不够吃，叫作"饥馑之岁"；年成好，农业大丰收，粮仓堆得满满的，叫作"大有之年"。

唐德宗时期某年闹饥荒，粮食不够吃，更不用说拿粮食酿酒，路上看见一个醉汉，人们便认为是吉祥的征兆；梁惠王时某年闹饥荒，城郊野外到处都是饿死的人，实在很可怜。

"丰年玉""荒年谷"，都是用来形容一个人品德的珍贵；"薪如桂"，"食如玉"，则用来比喻物价上涨得很高。

"春祈秋报"，是农民传统习俗；"夜寐夙兴"，是说我们应当勤勉做事。

"韶华不再"，是说青春年少好时光一去不再有，所以我们须珍惜光阴；"日月其除"，是说日月流逝，像流水一样不回头，所以有志之士应当抓紧时间，努力拼搏。

朝廷

【题解】

朝廷，本指君王接受朝见和处理政务的地方；后指以君王为首的中央政府。亦借指帝王。《文选·朱浮〈为幽州牧与彭宠书〉》："朝廷之于伯通，恩亦厚矣。"唐·李善注："蔡邕《独断》云：'朝廷者，不敢指斥君，故言朝廷。'"本篇"朝廷"指帝王，故通篇所言，皆帝王及后妃、太子、宗藩之事。

本篇16联，讲的都是和帝王皇室有关的成语典故。

三皇为皇①，五帝为帝②。

以德行仁者，王；以力假仁者，霸③。

天子，天下之主④；诸侯，一国之君⑤。

官天下，乃以位让贤；家天下，是以位传子⑥。

陛下，尊称天子⑦；殿下⑧，尊重宗藩⑨。

【注释】

①三皇：传说中的上古三位帝王。所指说法不一。一说指伏羲、神农、黄帝。《周礼·春官·外史》："（外史）掌三皇五帝之书。"东汉·郑玄注："楚灵王所谓《三坟》《五典》。"唐·孔颖达疏："《三坟》，三皇时书。"西汉·孔安国《尚书序》云："伏牺、神农、黄帝之书谓之《三坟》。"《庄子·天运》："余语汝三皇五帝之治天下。"唐·成玄英疏："三皇者，伏羲、神农、黄帝也。"一说指伏羲、神农、女娲。《吕氏春秋·孟夏纪·用众》："此三皇五帝之所以大立功名也。"东汉·高诱注："三皇，伏羲、神农、女娲也。"一说指伏羲、神农、燧人。东汉·班固《白虎通·号》："三皇者，何谓

也？谓伏羲、神农、燧人也。”一说指伏羲、神农、祝融。东汉·班固《白虎通·号》：“《礼》曰：伏羲、神农、祝融，三皇也。”一说指天皇、地皇、泰皇。《史记·秦始皇本纪》：“古有天皇、有地皇、有泰皇。泰皇最贵。”一说指天皇、地皇、人皇。《艺文类聚》卷十一引《春秋纬》：“天皇、地皇、人皇，兄弟九人，分九州，长天下也。”本书译文，取天皇、地皇、人皇为“三皇”之说。皇，最早的君王称号。《说文解字》：“皇，大也。从自王。自，始也。始王者，三皇，大君也。”

②五帝：传说中的上古五位帝王。所指说法不一。一说指黄帝（轩辕）、颛顼（高阳）、帝喾（高辛）、唐尧、虞舜。《大戴礼记·五帝德》：“孔子曰：‘五帝用记，三王用度。’”《史记·五帝本纪》唐·张守节正义：“太史公依《世本》《大戴礼》，以黄帝、颛顼、帝喾、唐尧、虞舜为五帝。谯周、应劭、宋均皆同。”东汉·班固《白虎通·号》：“五帝者，何谓也？《礼》曰：‘黄帝、颛顼、帝喾、帝尧、帝舜也。’”一说指太昊（伏羲）、炎帝（神农）、黄帝、少昊（挚）、颛顼。见《礼记·月令》（详参《岁时》篇注）。一说指少昊、颛顼、高辛、唐尧、虞舜。《尚书序》：“少昊、颛顼、高辛、唐、虞之书，谓之‘五典’，言常道也。”唐·孔颖达疏：“言五帝之道，可以百代常行。”晋·皇甫谧《帝王世纪》：“伏羲、神农、黄帝为三皇，少昊、高阳、高辛、唐、虞为五帝。”一说指伏羲、神农、黄帝、唐尧、虞舜。《周易·系辞下》：“古者包牺氏之王天下也，……包牺氏没，神农氏作，……神农氏没，黄帝、尧、舜氏作。”帝，君王的称号。《说文解字》：“帝，谛也。王天下之号。”

③“以德行仁者”四句：语本《孟子·公孙丑上》：“以力假仁者霸，霸必有大国。以德行仁者王，王不待大。汤以七十里，文王以百里。以力服人者，非心服也，力不赡也。以德服人者，中心悦而诚服也。如七十子之服孔子也。《诗》云：‘自西自东，自南自北，无

思不服。'此之谓也。"朱子集注:"力,谓土地甲兵之力。假仁者,本无是心,而借其事以为功者也。霸,若齐桓、晋文是也。以德行仁,则自吾之得于心者推之,无适而非仁也。"以德行仁,依靠道德,施行仁政。王,此指能行王道仁政的君主,如尧、舜、禹、汤、周文王。以力假仁,依靠武力,假借仁义名义。霸,古代诸侯之长。此指依靠武力称霸诸侯的君主,如齐桓公、晋文公。

④天子,天下之主:语本唐·孔颖达《尚书正义·微子》:"天子,天下之主,所以治正四方。"天子,上天之子。古人认为君王的权柄是上天授予,所以称帝王为"天子"。《礼记·曲礼》:"君天下,曰'天子'。"唐·孔颖达疏:"以父天母地,是上天之子,又为天所命,子养下民,此尊名也。"

⑤诸侯,一国之君:语本唐·孔颖达《尚书正义·吕刑》:"诸侯,一国之君,施教命于民者也。"诸侯,是古代中央政权所分封的各国国君的统称。在其统辖区域内,世代掌握军政大权,但按礼要服从王命,定期向帝王朝贡述职,并有出军赋和服役的义务。《周易·比卦》:"先王以建万国,亲诸侯。"《史记·五帝本纪》:"于是轩辕乃习用干戈,以征不享,诸侯咸来宾从。"君,古代大夫以上、据有土地的各级统治者的通称。常用来专称帝王。《仪礼·丧服》:"君,至尊也。"东汉·郑玄注:"天子、诸侯及卿大夫有地者,皆曰'君'。"

⑥"官天下"四句:语本《汉书·盖宽饶传》:"又引《韩氏易传》言:'五帝官天下,三王家天下,家以传子,官以传贤,若四时之运,功成者去,不得其人则不居其位。'"官天下,禅让制时代(尧舜时期)实行禅让制度,君主挑选贤良之人继承君位,称为"官天下"。家天下,世袭制时代(夏禹之后),君位传给儿子,称为"家天下"。

⑦陛(bì)下,尊称天子:陛下,原指帝王宫殿的台阶之下,后表示对

帝王的尊称。东汉·蔡邕《独断》卷上：“汉天子正号曰‘皇帝’，自称曰‘朕’，臣民称之曰‘陛下’。陛下者，陛，阶也，所由升堂也。天子必有近臣执兵陈于阶侧，以戒不虞。谓之‘陛下’者，群臣与天子言，不敢指斥天子，故呼在陛下者而告之，因卑达尊之意也。上书亦如之，及群臣庶士相与言殿下、阁下、足下、侍者、执事之属，皆此类也。”

⑧殿下：原指殿阶之下，汉魏以后成为对诸侯王、太子、诸王的尊称。

⑨宗藩（fān）：又作“宗蕃”。指受天子分封的宗室诸侯。因为他们拱卫王室，犹如藩篱，所以这样称呼。《史记·太史公自序》：“汉既谲谋，禽信于陈；越荆剽轻，乃封弟交为楚王，爰都彭城，以强淮泗，为汉宗藩。”

【译文】

远古时期的天皇、地皇、人皇号称“三皇”，上古时期的黄帝、颛顼、帝喾、尧、舜号称“五帝”。

凭借道德推行仁政的君主，成就的是王道；假借仁义之名而实际倚仗武力的君主，成就的是霸业。

天子，是天下的共主；诸侯，是各国的君主。

“官天下”，天下为公，指禅让制时期将天子之位让给贤人；“家天下”，天下为私，指世袭制时代将天子之位传给儿子。

“陛下”，是对天子的尊称；“殿下”，是对皇族亲王的尊称。

皇帝即位，曰龙飞①；人臣觐君②，曰虎拜③。

皇帝之言，谓之纶音④；皇后之命，乃称懿旨⑤。

椒房⑥，是皇后所居；枫宸⑦，乃人君所莅⑧。

天子尊崇，故称元首；臣邻辅翼，故曰股肱⑨。

龙之种⑩，麟之角⑪，俱誉宗藩；君之储⑫，国之贰⑬，皆称太子⑭。

【注释】

①龙飞：旧时比喻登上皇位。《周易·乾卦》："九五，飞龙在天，利见大人。"唐·孔颖达疏："言九五阳气盛至于天，故云'飞龙在天'。此自然之象，犹若圣人有龙德，飞腾而居天位，德备天下，为万物所瞻睹，故天下利见此居王位之大人。"后遂以"龙飞"为帝王的兴起或即位。

②觐（jìn）：原指诸侯秋季朝见天子，后泛称朝见帝王。《周礼·春官·大宗伯》："春见曰'朝'，夏见曰'宗'，秋见曰'觐'，冬见曰'遇'，时见曰'会'，殷见曰'同'。"

③虎拜：语本《诗经·大雅·江汉》："厘尔圭瓒，秬鬯一卣。告于文人，锡山土田。于周受命，自召祖命。虎拜稽首，天子万年。"召穆公名虎，是周宣王时期人。因为立下战功，周王赐给他山川土田，召穆公叩头拜谢。后来便将大臣朝拜天子称为"虎拜"。

④皇帝之言，谓之纶（lún）音：语本《礼记·缁衣》："王言如丝，其出如纶。王言如纶，其出如绰。"东汉·郑玄注："言出弥大也。纶，今有秩啬夫所佩也。绰，引棺素也。"唐·孔颖达疏："'王言如丝，其出如纶'者，王言初出，微细如丝，及其出行于外，言更渐大，如似纶也。言纶粗于丝。'王言如纶，其出如绰'者，亦言渐大出如绰也。绰，又大于纶。"纶音，原义是说君王之言传达于外，影响越来越大，后世则以"纶音"指代圣旨或皇帝说的话。

⑤懿（yì）旨：古代用来称谓皇后、皇太后或皇妃、公主等的命令。懿，本义是美好，多用来赞扬妇女的美德，所以称后妃的命令为"懿旨"。

⑥椒房：即"椒房殿"，是汉代皇后所居的宫殿。殿内以花椒子和泥涂壁，取温暖、芬芳、多子之义。后泛指后妃居住的宫室。《汉

书·车千秋传》：“江充先治甘泉宫人，转至未央椒房。”唐·颜师古注：“椒房，殿名。皇后所居也。以椒和泥涂壁，取其温而芳也。”

⑦枫宸（chén）：皇宫。宸，北极星所在的位置，指帝王的殿庭。汉代宫廷多植枫树，所以称“枫宸”。《文选·何晏〈景福殿赋〉》：“坐高门之侧堂，彰圣主之威神。芸若充庭，槐枫被宸。”唐·李善注：“槐、枫，二木名。《说文》曰：‘宸，屋宇也。’”

⑧莅（lì）：到，去。

⑨“天子尊崇”四句：语本《尚书·益稷》：“帝曰：‘吁！臣哉邻哉！邻哉臣哉！’禹曰：‘俞。’帝曰：‘臣作朕股肱耳目。予欲左右有民，汝翼。’……乃歌曰：‘股肱喜哉，元首起哉，百工熙哉。’”西汉·孔安国传：“邻，近也。言君臣道近，相须而成。言大体若身。左右，助也。助我所有之民，富而教之，汝翼成我。……元首，君也。股肱之臣喜乐尽忠，君之治功乃起，百官之业乃广。”唐·孔颖达疏：“君为元首，臣为股肱耳目，大体如一身也。足行手取，耳听目视，身虽百体，四者为大，故举以为言。……《释诂》云：‘元、良，首也。’僖三十三年《左传》称狄人归先轸之元，则‘元’与‘首’各为头之别名，此以‘元首’共为头也。君臣大体犹如一身，故‘元首，君也’。”宋·蔡沈集传：“此言臣所以为邻之义也。君，元首也。君资臣以为助，犹元首须股肱耳目以为用也。下文翼为明听，即作股肱耳目之义。左右者，辅翼也。犹《孟子》所谓‘辅之翼之，使自得之也’。”元首，原指人的头颅。后成为君主和国家最高领导人的代称。臣邻，本谓君臣应当相互亲近，后来泛指臣僚。辅翼，辅佐，辅助。《礼记·文王世子》：“保也者，慎其身以辅翼之，而归诸道者也。”唐·孔颖达疏：“辅，相也；翼，助也。谓护慎世子之身，辅相翼助，使世子而归于道。”股肱（gōng），本指大腿（股）和胳膊（肱），后来常用于比喻皇帝左右的辅佐之

臣。《尚书·说命下》："股肱惟人，良臣惟圣。"西汉·孔安国传："手足具乃成人，有良臣乃成圣。"

⑩龙之种：指帝王子孙。《史记·外戚世家》："汉王入织室，见薄姬有色，诏内后宫，岁余不得幸。始姬少时，与管夫人、赵子儿相爱，约曰：'先贵，无相忘。'已而管夫人、赵子儿先幸汉王。汉王坐河南宫成皋台，此两美人相与笑薄姬初时约。汉王闻之，问其故，两人具以实告汉王。汉王心惨然，怜薄姬，是日召而幸之。薄姬曰：'昨暮夜妾梦苍龙据吾腹。'高帝曰：'此贵征也，吾为女遂成之。'一幸生男，是为代王。"薄姬夜梦苍龙据腹，次日得汉高祖宠幸，生代王（后为汉文帝），后遂以"龙种"指帝王子孙。唐·张说《赠陈州刺史义阳王神道碑》："王讳琮字某，文帝之孙，纪王之子，龙种异品，凤毛秀色。"唐·李商隐《鄠杜马上念汉书》（一云《五陵怀古》）诗："世上苍龙种，人间武帝孙。"

⑪麟之角：语本《诗经·周南·麟之趾》："麟之角，振振公族。"指麒麟的角，后因以"麟角"指宗藩之盛。

⑫君之储：即储君，被指定的君位继承者。《公羊传·僖公五年》："储君，副主也。"东汉·班固《白虎通·京师》："储君，嗣主也。"

⑬国之贰（èr）：即储贰，指太子，与储君近义。晋·葛洪《抱朴子内篇·释滞》："昔子晋舍视膳之役，弃储贰之重，而灵王不责之以不孝。"

⑭太子：封建时期君主的儿子中被预指继承君位的人，一般是嫡长子。

【译文】

皇帝登基，称为"龙飞"；大臣觐见国君，叫作"虎拜"。

皇帝的言谈，叫作"纶音"；皇后的命令，则称为"懿旨"。

"椒房"，是皇后生活起居的地方；"枫宸"，是皇帝莅临居住的场所。

皇帝至高无上，如同人体的头部，所以称为"元首"；大臣辅佐皇帝，好像人体的大腿和胳膊，所以称为"股肱"。

"龙种""麟角",都是对王室后裔的美称;"储君""储贰",都是太子的专称。

帝子爰立青宫^①,帝印乃是玉玺^②。

宗室之派^③,演于天潢^④;帝胄之谱^⑤,名为玉牒^⑥。

前星耀彩^⑦,共祝太子以千秋^⑧;嵩岳效灵,三呼天子以万岁^⑨。

神器、大宝^⑩,皆言帝位;妃、嫔、媵、嫱^⑪,总是宫娥^⑫。

姜后脱簪而待罪,世称哲后^⑬;马后练服以鸣俭,共仰贤妃^⑭。

唐放勋德配昊天,遂动华封之三祝^⑮;汉太子恩覃少海,乃兴乐府之四歌^⑯。

【注释】

①帝子爰(yuán)立青宫:语本(旧题)西汉·东方朔《神异经·中荒经》:"东方有宫,青石为墙,高三仞,左右阙高百丈,画以五色,门有银榜,以青石碧镂,题曰'天地长男之宫'。"帝子,帝王之子。爰,乃,于是。青宫,古时太子居住在东宫。因为东方属木,木色为青,所以称太子的住处为"青宫"。青宫,亦借指太子。

②帝印乃是玉玺(xǐ):语本东汉·蔡邕《独断》卷上:"天子玺以玉螭虎纽,古者尊卑共之。……秦以来,天子独以印称'玺',又独以玉,群臣莫敢用也。"玉玺,专指皇帝的玉印,始于秦。《史记·秦始皇本纪》:"令子婴斋,当庙见,受玉玺。"玺,印。

③宗室:同宗族之人。此处特指与君主同宗族的人,即皇族。《国语·鲁语下》:"宗室之谋,不过宗人。"派:河水的支流。代指后代、后裔。

④演：繁衍。天潢（huáng）：即天河。此处指帝王后裔、皇族。北周·庾信《为杞公让宗师骠骑表》："凭天潢之派水，附若木之分枝。"《周大将军义兴公萧公墓志铭》："公讳太，字世怡，兰陵人也，太祖文皇帝之孙、鄱阳忠烈王之子。派别天潢，支分若木，直干自高，澄源已远。"宋·曹勋《赵希远真赞》："天潢流派，濯秀玉渊。"

⑤帝胄（zhòu）：皇族。《三国志·蜀书·诸葛亮传》："将军既帝室之胄。"谱：家谱，族谱，记载家族世袭的谱表。

⑥玉牒（dié）：记载帝王谱系、历数及政令因革的书。至宋代，每十年一修。《新唐书·百官志三》："（宗正寺）知图谱官一人，修玉牒官一人。"宋·罗大经《鹤林玉露》卷三："玉牒修书始于大中祥符，至于政宣而极备。考定世次，枝分派别而归于本统者，为仙源积庆图。推其所自出，至于子孙而列其名位者，为宗藩庆系录。具其官爵功罪生死，及若男若女者，为类纪。同姓之亲而序其五服之戚疏者，为属籍。编年以纪帝系，而载其历数及朝廷政令之因革者，为玉牒。"

⑦前星：星宿名。《汉书·五行志》："心，大星，天王也。其前星，太子；后星，庶子也。"后因以"前星"指太子。耀彩：指星月闪烁光辉。

⑧千秋：千年，形容岁月长久。旧时贺寿的敬辞。《战国策·齐策二》："犀首跪行，为仪（张仪）千秋之祝。"清·幻敏《竺峰敏禅师语录》卷二《住四川忠州敕建振宗禅寺》："康熙丁卯佛成道日，阖郡文武、官绅、四众等请师复住治平禅寺，结制上堂拈疏云：'……。'遂升拈香云：'此瓣香，光昭日月，焰覆乾坤，爇向炉中，奉祝当今皇帝万岁万万岁！皇后齐年！太子千秋！伏愿紫极凝禧，日祝圣朝长有道；前星耀彩，同归觉海永无疆。'"

⑨嵩（sōng）岳效灵，三呼天子以万岁：语本《汉书·武帝纪》："翌日，亲登嵩高，御史乘属，在庙旁吏卒咸闻呼万岁者三。"相传汉

武帝登嵩山,随行人员亲耳听见山神喊了三句"万岁"。嵩岳,即嵩山。效灵,显灵。此指山神显示神奇吉祥的灵异行为。

⑩神器:神物。借指代表国家政权的实物,如玉玺、宝鼎之类。又代指帝位、政权。《汉书·叙传上》:"世俗见高祖兴于布衣,不达其故,以为适遭暴乱,得奋其剑,游说之士至比天下于逐鹿,幸捷而得之,不知神器有命,不可以智力求也。"唐·颜师古注引西汉·刘德曰:"神器,玺也。"《文选·左思〈魏都赋〉》:"刘宗委驭,巽其神器。"唐·吕延济注:"神器,帝位。"大宝:代指皇位。《周易·系辞下》:"圣人之大宝曰'位'。"三国魏·王弼注:"夫无用则无所宝,有用则有所宝也。无用而常足者,莫妙乎道,有用而弘道者,莫大乎位,故曰'圣人之大宝曰位'。"唐·孔颖达疏:"言圣人大可宝爱者在于位耳。'位'是有用之地,'宝'是有用之物。若以居盛位,能广用无疆,故称'大宝'也。"《宋史·岳飞传》:"陛下已登大宝,社稷有主。"

⑪妃:皇帝的姬妾,位次于后。太子和王侯的配偶,亦可称"妃"。嫔(pín):天子诸侯的姬妾,位次于妃。《礼记·昏义》:"古者天子后立六宫、三夫人、九嫔、二十七世妇、八十一御妻,以听天下之内治,以明章妇顺,故天下内和而家理。"媵(yìng):古代诸侯的女儿出嫁,陪嫁的侄女或妹妹称为"媵"。《左传·成公八年》:"卫人来媵共姬,礼也。凡诸侯嫁女,同姓媵之,异姓则否。"嫱(qiáng):古代宫内女官名。《左传·哀公元年》:"今闻夫差,次有台榭陂池焉,宿有妃嫱嫔御焉。"

⑫宫娥:宫女。唐·颜师古《隋遗录》卷下:"帝尝幸昭明文选楼,车驾未至,先命宫娥数千人升楼迎侍。"娥,美女。

⑬姜后脱簪(zān)而待罪,世称哲后:语本西汉·刘向《列女传·周宣姜后》:"周宣姜后者,齐侯之女也。贤而有德,事非礼不言,行非礼不动。宣王常早卧晏起,后夫人不出房,姜后脱簪珥,待罪于

永巷，使其傅母通言于王曰：'妾不才，妾之淫心见矣，至使君王失礼而晏朝，以见君王乐色而忘德也。……敢请婢子之罪。'王曰：'寡人不德，实自有过，非夫人之罪也。'遂复姜后，而勤于政事。"后用为后妃辅主以礼的典实。东汉·崔琦《外戚箴》："宣王晏起，姜后脱簪。"姜后，西周时人。周宣王后，齐侯女。贤明有德行。王尝早卧迟起，后即脱簪珥待罪永巷，以为君王乐色而忘德，乃后之罪。王由是勤于政事，周得中兴。脱簪，指取下簪珥等首饰，表示自责请罪。哲后，有智慧贤德的皇后。

⑭马后练服以鸣俭，共仰贤妃：语本《后汉书·皇后纪》："明德马皇后讳某，伏波将军援之小女也。……既正位宫闱，愈自谦肃。……常衣大练，裙不加缘。朔望诸姬主朝请，望见后袍衣疏粗，反以为绮縠，就视，乃笑。后辞曰：'此缯特宜染色，故用之耳。'六宫莫不叹息。……及帝崩，肃宗即位，尊后曰皇太后。……太后诏曰：'……吾为天下母，而身服大练，食不求甘，左右但着帛布，无香薰之饰者，欲身率下也。'"唐·李贤注："大练，大帛也。杜预注《左传》曰：'大帛，厚缯也。'"马后，汉明帝刘庄的皇后，姓马，谥号明德皇后。以节俭闻名，贵为皇后，而穿粗帛衣服。练服，生丝制作的素衣。鸣俭，倡导节俭。仰，景仰，仰慕。

⑮唐放勋德配昊（hào）天，遂动华（huà）封之三祝：语本《庄子·天地》："尧观乎华，华封人曰：'嘻，圣人。请祝圣人，使圣人寿。'尧曰：'辞。''使圣人富。'尧曰：'辞。''使圣人多男子。'尧曰：'辞。'封人曰：'寿、富、多男子，人之所欲也，女独不欲，何邪？'尧曰：'多男子则多惧，富则多事，寿则多辱。是三者非所以养德也，故辞。'"唐·成玄英疏："华，地名也。今华州也。封人者，谓华地守封疆之人也。"华州守封疆的人祝愿尧帝多寿、多富、多男子，后因以"华封三祝"为祝颂之辞。唐放勋，指上古帝王陶唐放勋，也就是尧。"放勋"是他的号。昊天，苍天。《尚书·尧典》：

"乃命羲和,钦若昊天,历象日月星辰,敬授人时。"华封,华地守封疆之人。相传尧巡行至华,封人祝尧寿、富且多男子。华,古代行政区划名。地当今陕西渭南华州区一带,因境内有华山而得名。封,疆界,范围。

⑯汉太子恩覃(tán)少海,乃兴乐府之四歌:语本晋·崔豹《古今注·日重光月重轮》:"《日重光》《月重轮》,群臣为汉明帝所作也。明帝为太子,乐人以歌诗四首,以赞太子之德。其一曰《日重光》,其二曰《月重轮》,其三曰《星重耀》,其四曰《海重润》。汉末丧乱,后二章亡。旧说云,天子之德,光明如日,规轮如月,众耀如星,占润如海,光明皆比太子德贤,故曰'重'耳。"《乐府诗集》卷四十引之。汉太子,此处指汉明帝刘庄(28—75)。公元57年即皇帝位。覃,延及,远达。少海,本指渤海。也称"幼海"。《山海经·东山经》"南望幼海"晋·郭璞注:"即少海也。"《韩非子·外储说左上》:"齐景公游少海。"《淮南子·地形训》:"东方曰'大渚',曰'少海'。"东汉·高诱注:"东方多水,故曰'少海',亦泽名也。"亦代称太子(或亦因东方代表太子之故)。宋·叶廷珪《海录碎事·帝王部·储嗣门》:"天子比大海,太子比少海。"宋·阙名《翰苑新书(后集上卷五)·诞皇太子》:"恩覃少海之波,象着前星之曜。"乐府,汉朝建立的管理音乐的宫廷官署。乐府最初始于秦代,汉代沿用秦时的名称。汉武帝时正式设立乐府,其任务是收集编纂各地民间音乐、整理改编与创作音乐、进行演唱及演奏等。四歌,此指乐府职员为歌颂汉明帝而谱写的四首乐章。其一曰《日重光》,其二曰《月重轮》,其三曰《星重耀》,其四曰《海重润》。

【译文】

太子居住的地方,称作"青宫";皇帝的印章,就是"玉玺"。

皇室后裔有很多支派,就像"天潢"分出众多支流;皇帝的家谱,称为"玉牒"。

天上的前星发出耀眼光芒,齐声祝祷太子"千秋";嵩山的神灵显示神迹奇事,连声三呼天子"万岁"。

"神器""大宝",都指皇位;"妃""嫔""媵""嫱",都是皇帝后宫美人。

姜王后因周宣王早睡晚起脱下发簪首饰,请求责罚,借此规劝夫君,后世称她为睿哲的皇后;东汉马皇后倡导节俭,穿粗帛衣服,人们都景仰这位贤德的后妃。

尧帝的大德,符合上天的意旨,华地守卫封疆之人大受感动,一连向他致以三个美好的祝愿;汉明帝做太子时,恩德远达东方少海,乐府的音乐家专门创作四首乐歌歌颂他。

文臣

【题解】

本篇39联,讲的都是和文官相关的成语典故。其中一部分是讲各级文官的别称雅号,另一部分则讲历代优秀文官的轶事。本篇反映的是明代的文官制度。本篇所讲历代优秀文官轶事,多出自《汉书·循吏传》《后汉书·循吏传》及朱熹《宋名臣言行录》前集。

帝王有出震向离之象①,大臣有补天浴日之功②。

三公上应三台③,郎官上应列宿④。

宰相位居台铉⑤,吏部职掌铨衡⑥。

吏部,天官大冢宰⑦;户部⑧,地官大司徒⑨。

礼部⑩,春官大宗伯⑪;兵部⑫,夏官大司马⑬。

刑部⑭,秋官大司寇⑮;工部⑯,冬官大司空⑰。

都宪、中丞⑱，都御史之号⑲；内翰、学士⑳，翰林院之称㉑。

天使㉒，称誉行人㉓；司成㉔，尊称祭酒㉕。

称都堂曰大抚台㉖，称巡按曰大柱史㉗。

方伯、藩侯㉘，左右布政之号㉙；宪台、廉宪㉚，提刑按察之称㉛。

宗师㉜，称为大文衡㉝；副使㉞，称为大宪副㉟。

【注释】

①帝王有出震向离之象：语本《周易·说卦》："帝出乎震，齐乎巽，相见乎离，致役乎坤，说言乎兑，战乎乾，劳乎坎，成言乎艮。万物出乎震，震，东方也。齐乎巽，巽，东南也；齐也者，言万物之絜齐也。离也者，明也，万物皆相见，南方之卦也，圣人南面而听天下，向明而治，盖取诸此也。……""震""离"，为八卦之二。震，指东方，亦指太子。离，指南方，亦指帝王。出震向离，正是太子成为帝王之象，好比太阳从东方升起，在南方照耀天下。

②大臣有补天浴日之功：语本宋·赵鼎《除宣抚处置使朝辞疏》："向者陛下当建炎图治之初，遣张浚出使川陕，国势事力百倍于今。浚于陛下，有补天浴日之功；陛下待浚，有砺山带河之固。君臣相信，内外相资，委任之笃，今古无有。而终致物议，以就窜逐。"赵鼎疏极有名，有宋一代文献，徐自明《宋宰辅编年录》卷十五、李心传《建炎以来系年要录》卷八十、熊克《中兴小纪》卷十六、刘时举《续宋编年资治通鉴》卷三等皆载之。宋·朱熹《宋名臣言行录》别集下卷三、明·杨士奇《历代名臣奏议》卷一百五十六亦载之。《宋史·赵鼎传》亦引载。补天浴日，古代神话传说女娲补天与羲和浴日的并称。女娲补天，见《淮南子·览冥训》："往古之时，四极废，九州裂，天不兼覆，地不周载，……于是

女娲炼五色石以补苍天,断鼇足以立四极。"后遂用作典故。亦常以喻挽回世运。羲和浴日,见《山海经·大荒南经》:"东南海之外,甘水之间,有羲和之国。有女子名曰羲和,方浴日于甘渊。羲和者,帝俊之妻,生十日。"后用以比喻力挽世运功勋卓著或挽回危局。

③三公上应三台:语本《晋书·天文志上》:"三台六星,两两而居。……在人曰'三公',在天曰'三台',主开德宣符也。西近文昌二星曰'上台',为司命,主寿。次二星曰'中台',为司中,主宗室。东二星曰'下台',为司禄,主兵,所以昭德塞违也。"三公,古代中央三种最高官衔的合称。周朝的"三公"指太师、太傅、太保三种官职。《尚书·周官》:"立太师、太傅、太保,兹惟三公,论道经邦,燮理阴阳。"一说"三公"指司马、司徒、司空。见《汉书·百官公卿表序》。西汉以丞相(大司徒)、太尉(大司马)、御史大夫(大司空)为"三公",东汉以太尉、司徒、司空为"三公",见《通典·职官一》。唐宋沿东汉之制,以太尉、司徒、司空为"三公",但已非实职。明清沿周制,以太师、太傅、太保为"三公",只用作大臣的最高荣衔。见《明史·职官志一》《清史稿·职官志一》。三台,星名。喻指"三公"。

④郎官上应列宿(xiù):语本《后汉书·明帝纪》:"馆陶公主为子求郎,不许,而赐钱千万。谓群臣曰:'郎官上应列宿,出宰百里,苟非其人,则民受其殃,是以难之。'"古人认为郎官与天上的星宿对应。郎官,指侍郎、郎中等官职。秦代置郎中令,为皇帝左右亲近的高级官员。西汉沿袭秦朝制度。东汉的行政中枢尚书台的负责人称为"尚书郎官"。其分曹任事者为尚书郎,职权范围扩大。魏晋南北朝时期,尚书郎官之制,略同于汉。隋分郎官为侍郎与郎。唐六部郎官,郎中之外,更置员外郎。唐以后郎官的设置,基本上无大变革。其职权范围在历史上变革不多。《史

记·袁盎晁错列传》:"且陛下从代来,每朝,郎官上书疏,未尝不止辇受其言。"列宿,众星宿。特指二十八宿。《楚辞·九叹·远逝》:"指列宿以白情兮,诉五帝以置词。"东汉·王逸注:"言己愿后指语二十八宿,以列己清白之情。"

⑤宰相:本为掌握政权的大官的泛称,后来指历代辅助皇帝、统领各级官员并总揽政务的最高行政长官。如秦汉时期的丞相、相国、三公,唐宋时期的中书、门下、尚书三省长官及同平章事,明清的大学士等。《汉书·王陵传》:"宰相者,上佐天子理阴阳,顺四时,下遂万物之宜,外填抚四夷诸侯,内亲附百姓,使卿大夫各得任其职也。"台铉(xuàn):即台鼎。古代称"三公"为"台鼎"。因为鼎是象征国家和君权的重器,有三足,如同"三公"支撑。东汉·蔡邕《太尉汝南李公碑》:"天垂三台,地建五岳,降生我哲,应鼎之足。"《宋书·臧质传》载臧质上表,有云:"丞相臣义宣,育哲台铉。"铉,鼎耳,以代鼎。

⑥吏部:古代朝廷六个部门中主管官吏任免、考核、升降、调动等事务的官署。汉代尚书有常侍曹,主管丞相御史公卿事务。东汉改为"吏曹",后又改称"选部"。魏晋以后称"吏部",大致相当于现在的人事部。职掌:职务上掌管。铨(quán)衡:本为衡量轻重的器具,后世代指考核、选拔人才。《三国志·魏书·夏侯玄传》:"夫官才用人,国之柄也,故铨衡专于台阁,上之分也。"

⑦天官:官署名。《周礼》分设六官,以天官冢宰职权最大,位居六官首位,统领百官。《周礼·天官·冢宰》:"乃立天官冢宰,使帅其属而掌邦治,以佐王均邦国。治官之属:……"东汉·郑玄注:"掌,主也。邦治,王所以治邦国也。佐,犹助也。……《尔雅》曰:'冢,大也。'冢宰,大宰也。"又该篇唐·贾公彦疏引东汉·郑玄《目录》云:"象天所立之官。冢,大也。宰者,官也。天者统理万物,天子立冢宰使掌邦治,亦所以总御众官,使不失职。不言

司者，大宰总御众官，不主一官之事也。"武则天曾一度改吏部为天官，所以后世也称吏部为天官。大冢（zhǒng）宰：《周礼》官职名。为天官之首，亦称"太宰"。天官冢宰有大宰、小宰之分。小宰是大宰的副职。《周礼·天官·冢宰》："大宰，卿一人。小宰，中大夫二人。"后世称"吏部尚书"为"冢宰"。《明史·职官志一》："（吏部）尚书掌天下官吏选授、封勋、考课之政令，以甄别人才，赞天子治。盖古冢宰之职，视五部为特重。"此以下六句言中国古代官制。中国古代官制职能划分，以《周礼》六官及隋唐六部最为典型。《周礼》以天官冢宰、地官司徒、春官宗伯、夏官司马、秋官司寇、冬官司空分掌邦国之政，总称"六官"或"六卿"。隋唐至清，中央行政机构分吏、户、礼、兵、刑、工六部。"六官"与"六部"，基本对应。《尚书·周官》："冢宰掌邦治，统百官，均四海。司徒掌邦教，敷五典，扰兆民。宗伯掌邦礼，治神人，和上下。司马掌邦政，统六师，平邦国。司寇掌邦禁，诘奸慝，刑暴乱。司空掌邦土，居四民，时地利。六卿分职，各率其属，以倡九牧，阜成兆民。"

⑧户部：古代朝廷六个部门中掌管全国土地、户籍、赋税、财政收支等事务的官署，长官为户部尚书。兼具现代民政部、财政部职能。

⑨地官：《周礼》六官之一。掌管国家的土地和人民的教化。《周礼·地官·司徒》："乃立地官司徒，使帅其属而掌邦教，以佐王安扰邦国。教官之属：……"该篇唐·贾公彦疏引东汉·郑玄《目录》云："象地所立之官。司徒主众徒。地者载养万物，天子立司徒掌邦教，亦所以安扰万民。"唐朝武则天曾一度改户部为地官，因此也称地官为户部长官。大司徒：《周礼》官职名。为地官之首。地官司徒有大、小之分。小司徒是大司徒的副职。《周礼·地官·司徒》："大司徒，卿一人。小司徒，中大夫二人。"汉哀帝时曾将"丞相"改称"大司徒"，与大司马、大司空并列"三

公”。东汉时改称“司徒”。后来成为“户部尚书”的别称。

⑩礼部：古代朝廷六个部门中掌管礼乐、祭祀、封建、宴乐、文学等事务的官署。大致相当于现在的文化部。

⑪春官：官署名。《周礼》六官之一，掌邦国祭祀、典礼等事。《周礼·春官·宗伯》：“大宗伯之职，掌建邦之天神、人鬼、地祇之礼，以佐王建保邦国。礼官之属：……”该篇唐·贾公彦疏引东汉·郑玄《目录》云：“象春所立之官也。宗，尊也。伯，长也。春者生万物，天子立宗伯，使掌邦礼，典礼以事神为上，亦所以使天下报本反始。不言司者，鬼神示人之所尊，不敢主之故也。”后成为礼部官员的别称。大宗伯：《周礼》官职名。为春官之首。春官宗伯有大、小之分。小宗伯是大宗伯的副职。《周礼·春官·宗伯》：“大宗伯，卿一人。小宗伯，中大夫二人。”明清时期也称“礼部尚书”为“大宗伯”。

⑫兵部：古代朝廷六个部门中主管全国武官的选用和兵籍、军械、军令等事宜的官署。魏时设置五兵尚书，隋朝改称兵部尚书。清末改称陆军部，后又增设海军部。大致相当于现在的国防部。

⑬夏官：官署名。周代设置六官，其中“司马”被称作“夏官”，主管军政和军赋事务。《周礼·夏官·司马》：“乃立夏官司马，使帅其属而掌邦政，以佐王平邦国。政官之属：……”该篇唐·贾公彦疏引东汉·郑玄云：“象夏所立之官。马者，武也，言为武者也。夏整齐万物，天子立司马，共掌邦政，政可以平诸侯，正天下，故曰统六师平邦国。”唐朝武则天时曾一度改兵部尚书为夏官。后来夏官便成为兵部长官的别称。大司马：《周礼》官职名。为夏官之首。夏官司马有大、小之分。小司马是大司马的副职。《周礼·夏官·司马》：“大司马，卿一人。小司马，中大夫二人。”《周礼》大司马掌邦政。汉承秦制，置丞相、御史大夫、太尉。汉武帝罢太尉置大司马。西汉一朝，常以授掌权的外戚，多与大将军、骠

骑将军、车骑将军等联称,也有不兼将军号的。东汉初为"三公"之一,旋改"太尉",末年又别置大司马。魏晋为上公之一,位在"三公"之上。南北朝或置或不置,陈但为赠官。明清时用作"兵部尚书"的别称。

⑭刑部:古代朝廷六个部门中掌管刑法、狱讼等事务的官署。大致相当于现在的司法部。

⑮秋官:官署名。《周礼》六官之一,掌管刑狱事务。《周礼·秋官·司寇》:"乃立秋官司寇,使帅其属而掌邦禁,以佐王刑邦国。刑官之属……"该篇唐·贾公彦疏引东汉·郑玄《目录》云:"象秋所立之官。寇,害也。秋者,遒也,如秋义杀害收聚敛藏于万物也。天子立司寇使掌邦刑。刑者,所以驱耻恶,纳人于善道也。"所司与后代刑部相当,故唐朝武则天曾一度改刑部为秋官。后世常以秋官为掌司刑法官员的通称。大司寇:《周礼》官职名。为秋官之首。秋官司寇有大、小之分。小司寇是大司寇的副职。《周礼·秋官·司寇》:"大司寇,卿一人。小司寇,中大夫二人。"《周礼》大司寇掌刑狱。清代用作"刑部尚书"的别名。

⑯工部:古代朝廷六个部门中掌管工程、工匠、屯田、水利、交通等事务的官署。汉代有民曹,魏晋有左民、起部,隋唐因北周工部旧名总设工部,为六部之一,长官为工部尚书。历代相沿不改。清末改为农工商部。

⑰冬官:官署名。《周礼》六官之一。掌管工程制作。后世用为工部的通称。《周礼》之《冬官·司空》篇原文已逸,后人以《考工记》足之。该篇唐·贾公彦疏引东汉·郑玄《目录》云:"象冬所立官也。是官名司空者,冬闭藏万物,天子立司空,使掌邦事,亦所以富立家,使民无空者也。"大司空:《周礼》官职名。为冬官之首。冬官司空有大、小之分。小司空是大司空的副职。(《周礼·冬官·司空》虽已亡逸,据前五篇可推。)春秋时晋有大司空,主司

土木。汉成帝时,改御史大夫为大司空,哀帝时曾复旧称,后再改为大司空,与大司徒、大司马并称"三公",成为共同负责最高国务的长官。东汉以后但称司空。明清用作"工部尚书"的别称。

⑱都宪:明代"都察院""都御史"的别称。都察院是明朝洪武年间设置的官署名,监察弹劾官吏,参与审理重大案件。清代沿袭了明朝的这一制度。清·梁章钜《称谓录·都察院》:"都察院之称,盖始于明,然唐代御史台三院已有'察院'之称,其僚曰'监察御史',而明又增一'都'字者,盖合都御史、监察御史为一院而称之耳。"中丞:官职名。"御史中丞"的简称,最早设置于汉代。主要职能包括监督弹劾文武百官和朝廷礼仪等。汉代御史大夫下设两丞,一称"御史丞",一称"中丞"。中丞居殿中,故以为名。东汉以后,以"中丞"为御史台长官。明清时用作对巡抚的称呼。《汉书·百官公卿表上》:"御史大夫……有两丞,秩千石。一曰中丞,在殿中兰台,掌图籍秘书,外督部刺史,内领侍御史员十五人,受公卿奏事,举劾按章。"清·梁章钜《称谓录·巡抚》:"明正统十四年,命都察院右佥都御史邹来学巡抚顺天、永平二府。……今巡抚之称'中丞',盖沿于此。"

⑲都御史:官职名。古代朝廷设有专门行使监督职权的机构都察院,"都御史"就是都察院长官。明代都察院的长官为左右都御史,下设左右副都御史、左右佥都御史。

⑳内翰:官职名。唐、宋两朝称翰林为"内翰"。主要职能是修撰史籍、陪侍太子读书。唐·徐夤《辇下赠屯田何员外》诗:"内翰好才兼好古,秋来应数到君家。"原注:"员外与杨老丞翰林同年,恩义最。"清代则称"内阁中书"为"内翰"。学士:官名。"翰林学士"之省称。南北朝以后,以学士为司文学撰述之官。唐代翰林学士亦本为文学侍从之臣,因接近皇帝,往往参与机要。宋代始设专职,其地位职掌与唐代略同。明代设翰林院学士及翰林院侍

读、侍讲学士,学士遂专为词臣之荣衔。清代改翰林院学士为掌院学士,余如故。清末期内阁、典礼院亦置学士。

㉑翰林院:官署名。设置于唐朝初年,是早期宫廷用于收藏供奉各种文艺技术的地方。后来翰林学士也在这里供职,唐朝称之为"学士院"。从宋朝开始,称为"翰林学士院"。元代称"翰林兼国史院"。明代将著作、修史、图书等事务并归翰林院。清代翰林院又增加了编修国史及草拟制诰等职能,其长官为掌院学士。

㉒天使:天子的使者。唐·王建《华清宫感旧》诗:"尘到朝元天使急,千官夜发六龙回。"

㉓行人:官职名。也是使者的通称。掌管朝觐聘问之事。《周礼·秋官》有行人。春秋、战国时各国都有设置。汉代大鸿胪属官有行人,后改称"大行令"。明代设行人司,复有行人之官,掌传旨、册封、抚谕等事。《周礼·秋官·讶士》:"邦有宾客,则与行人送逆之。"《国语·晋语八》:"秦景公使其弟铖来求成,叔向命召行人子员。行人子朱曰:'朱也在此。'"三国吴·韦昭注:"行人,掌宾客之官。"

㉔司成:周代官职名。司徒属官,主管世子品德教育。《礼记·文王世子》:"乐正司业,父师司成。"唐·孔颖达疏:"父师主太子成就其德行也。"《礼记·文王世子》:"大司成论说在东序。"东汉·郑玄注:"父师司成即大司成,司徒之属,师氏也。师氏掌以美诏王,教国子以三德三行及国中失之事也。"唐高宗龙朔二年(662)改国子监为司成馆,祭酒为大司成,咸亨元年(670)复旧,故后世称国子监祭酒为"大司成"。

㉕祭酒:官职名。"国子监祭酒"省称。汉代有博士祭酒,为博士之首。西晋改设国子祭酒,隋唐以后称"国子监祭酒",为国子监的主管官。旧注:"祭酒之义,古人饮酒,必使长者先祭,始为饮食之人(按,"之人"二字,疑为衍文)。祭酒为国监之师表,凡释奠,

必使先之主祭,故曰'祭酒'。"

㉖都堂:官职名。明代称都察院长官都御史、副都御史、佥都御史为"都堂"。派遣到外省的总督、巡抚都带有都察院御史衔,也称"都堂"。大抚台:即抚台。明清时期"巡抚"的别称。台,原指中央官署,后用作对官员的尊称,如抚台、道台。

㉗巡按:官职名。指明代设置的巡按御史,权限、责任都很重大,主要负责考核吏治、审理大案。知府以下均奉其命。简称"巡按"。《明史·职官志二》:"而巡按则代天子巡狩,所按藩服大臣、府州县官诸考察,举劾尤专,大事奏裁,小事立断。"清·陈鹤《明纪·成祖纪一》:"永乐元年二月乙卯,遣御史分诣各布政司巡视民瘼,巡按之设,自此始。"柱史:本为官职名,为"柱下史"简称,指御史。因明代巡按代天子巡狩,如同御史,故称"大柱史"。

㉘方伯:原指殷、周时期一方诸侯中的头面人物。《礼记·王制》:"天子百里之内以共官,千里之内以为御,千里之外设方伯。"后又泛称地方长官。汉以来之刺史,唐之采访使、观察使,明清之布政使均称"方伯"。藩侯:古代藩国的首脑,即诸侯国国君。藩国是王朝下面的属国、诸侯国。明清时亦称布政使为"藩侯"。

㉙布政:官职名。"布政史"的简称。明洪武九年(1376)改行中书省为承宣布政使司。宣德后,全国府、州、县等分统于两京和十三布政使司,每司设左、右布政使各一人,为一省最高行政长官。后因军事需要,增设总督、巡抚等官,权位高于布政使。清代始正式定为督、抚属官,专管一省的财赋和人事。康熙六年(1667)后,每省设布政使一员,直隶亦设,江苏则设二员,分驻江宁、苏州。俗称"藩司""藩台"。

㉚宪台:官职名。后汉改称"御史府"为"宪台"。后成为同类机构的通称,也用来称呼御史等官职。东汉·应劭《汉官仪·宪台》:"汉御史府,后汉改称'宪台'。"《后汉书·袁绍传》:"臣以负薪

之资,拔于陪隶之中,奉职宪台,擢授戎校。"廉宪:官职名。"廉访使"的俗称。廉访使是宋元时期的职官名,宋代全称"廉访使者",元代全称"肃政廉访使",主管监察事务。廉,通"覝"(lián),察看。

㉛提刑按察:官职名。是提刑按察司的最高长官。提刑按察司是明清时期设立在省一级的司法机构,主管一省的刑事诉讼事务。同时也是中央监察机关都察院在地方的分支机构,对地方官员行使监察权。主管称为"提刑按察使",简称"提刑按察"或"按察使"。

㉜宗师:明清时对提督学道、提督学政(由朝廷简派典试府县童生)的尊称。或亦冠以大字。清·梁章钜《称谓录·学政》:"明李日华《官制备考》:'提学'称'大文宗''大宗师'。"

㉝文衡:意为衡量判定文章水平,并据此选拔人才。唐·刘禹锡《唐故尚书主客员外郎卢公集纪》:"丞相曲江公方执文衡,揣摩后进,得公深器之。"明清时学政典试府县童生,负责甄选人才,故尊称"大文衡"。

㉞副使:官职名。此指提刑按察司副职。

㉟宪副:提刑按察使的副手。提刑按察使称"宪台",故其副职称"宪副"。

【译文】

帝王气象,有如太阳从东方升起,在南方普照天下,故称"出震向离";大臣辅佐帝王,劳苦功高,如同弥补天宇,又如同给太阳洗浴,堪称"补天浴日"。

三公之位对应天上的三台星,郎官之位对应天上的二十八宿。

宰相居高位,权力、责任都极为重大,其位对应三台,重要如同鼎耳,故称"台铉";吏部主管朝廷人才的选拔任用,好比衡量物品轻重,故称"铨衡"。

吏部又被称为"天官",最高官员又称"大冢宰";户部又被称为"地官",最高官员又称"大司徒"。

礼部又被称为"春官",最高官员又称"大宗伯";兵部又被称为"夏官",最高官员又称"大司马"。

刑部又被称为"秋官",最高官员又称"大司寇";工部又被称为"冬官",最高官员又称"大司空"。

"都宪""中丞",是都察院都御史的别号;"内翰""学士",是对翰林院人员的称呼。

"天使",是对行人司官员的美称;"司成",是对国子监祭酒的尊称。

都堂又别称"大抚台",巡按又别称"大柱史"。

"方伯""藩侯",是左、右布政使的雅号;"宪台""廉宪",是提刑按察使的别称。

"宗师",指提督学道、提督学政,尊称"大文衡";"副使",指提刑按察司副职,雅称"大宪副"。

郡侯、邦伯①,知府名尊②;郡丞、贰侯③,同知誉美④。

郡宰、别驾⑤,乃称通判⑥;司李、廌史⑦,赞美推官⑧。

刺史、州牧⑨,乃知州之两号⑩;廌史、台谏⑪,即知县之尊称⑫。

乡宦曰乡绅⑬,农官是田畯⑭。

【注释】

①郡侯:指郡一级的最高行政长官。明清知府,亦称"郡侯"。郡,是古代地方行政区划名称,最早设置于周代,秦代正式建立郡县制,由郡统一管辖下属各县,汉代沿袭秦朝的这一制度,隋唐以后,"郡"与"州"同义。邦伯:即州牧。古代用以称一方诸侯之

长。《尚书·召诰》:"命庶殷侯甸男邦伯。"西汉·孔安国传:"邦
伯方伯,即州牧也。"后因称刺史、知州等一州的长官。唐·杜
甫《同元使君春陵行序》:"得结(元结)辈十数公,落落然参错
天下为邦伯,万物吐气,天下小安可待矣。"清·仇兆鳌注:"《唐
书·元结传》:'代宗立,结授著作郎,久之,拜道州刺史。'"明清
知府,亦称"邦伯"。

②知府:官职名。唐制于京都及创业驻幸之地特置为府,至宋则潜
藩之地皆升为府。或置牧、尹,或以朝臣出任,权知府事,省称
"知府"。明代始以"知府"为正式官名,管辖州县,为府一级的
行政长官。清代因之。府,是唐代至清代的行政区划名称。宋代
将大郡升格为府,以后为省(或相当于省,如宋朝的"路")下面
一级的行政区划。规格与现在的地级市大抵相当。清·顾炎武
《日知录·府》:"汉曰'郡',唐曰'州',州即郡也,惟建都之地乃
曰'府'。……至宋而大郡多升为府。"名尊:即尊名、尊称。

③郡丞:郡守(知府)的副职。唐·元稹《授李昆滑州司马制》:"将
议奖劳,是宜加秩。郡丞宪吏,用表兼荣。"郡守是郡的长官,主
管一郡的政事。最早设置于秦代。宋代以后郡改府,知府也称
"郡守"。贰侯:相当于郡丞。"贰"指副职。郡守(知府)称"郡
侯",故其副职称"贰侯"。

④同知:官职名。是知府的副职,协助分管地方盐粮、治安、水利以
及军兵等事务。清代康熙年间,一些派驻在外分管某一事务的同
知,逐渐成为主持当地政务的实际长官,不再是副职。宋代中央
有同知阁门事、同知枢密院事,府州军亦有同知府事、同知州军
事。元明因之。清代唯府州及盐运使置同知,府同知即以"同
知"为官称,州同知称"州同",盐同知称"盐同"。

⑤郡宰:指"府通判"别称。府一级地方行政机构副长官。与下文
"别驾",乃为通制。宰,为古代官吏之通称。别驾:官职名。全称

为"别驾从事史",也叫"别驾从事"。汉代设置,为州刺史的幕僚辅佐人员。别驾因为地位较高,随从刺史出巡时,另乘驿车而行,因而得名。宋朝在各州设置通判,职能与别驾相同,所以后来也称"通判"为"别驾"。《宋书·百官志》:"官属有别驾从事史一人,从刺史行部"。

⑥通判:官职名。宋初始于诸州府设置,即共同处理政务之意。地位略次于州府长官,但握有连署州府公事和监察官吏的实权,号称"监州"。明清设于各府,分掌粮运及农田水利等事务,职务远较宋初为轻。清代另有州通判,称"州判"。

⑦司李:亦作"司理",官职名。主管狱讼刑罚。五代以来,诸州皆有马步狱,以牙校充马步都虞候,掌刑法。宋太祖以为刑狱人命所系,当选士流任之。开宝六年(973)秋,敕改马步院为司理院,以新进士及选人为之,掌狱讼勘鞫之事,不兼他职。元废。明时用作"推官"的别称。推事在清代主管案件审理,从朝廷到地方设有各级推官。廌(zhì)史:明清司法官员"推官"的别称。廌,即解廌(亦作"獬豸")。《汉书·司马相如传》:"弄解廌。"唐·颜师古注引东汉·张揖曰:"解廌似鹿而一角,人君刑罚得中则生于朝廷,主触不直者,可得而弄也。"因解廌正直公平,故称司法官员为"廌史"。

⑧推官:官职名。最早设置于唐代,历史上的主要职能是主管地方司法。金朝时始为地方正式职官,品秩为从六品或正七品。明清时为各府佐贰官,掌理刑名之外,还兼具审计职能。

⑨刺史:官职名。原为朝廷所派督察地方之官,后沿为地方官职名称。汉武帝时,分全国为十三部(州),部置刺史。汉成帝改称"州牧",汉哀帝时复称"刺史"。魏晋于要州置都督兼领刺史,职权益重。隋炀帝、唐玄宗两度改州为郡,改称"刺史"为"太守"。后又改郡为州,称刺史,此后太守与刺史互名。宋于州置知州,而

无刺史职任，"刺史"之名仅为武臣升迁之阶。元明废名，清仅用为"知州"之别称。《汉书·百官公卿表上》："武帝元封五年初置部刺史，掌奉诏条察州，秩六百石，员十三人。"清·顾炎武《日知录·隋以后刺史》："汉之刺史犹今之巡按御史；魏晋以下之刺史，犹今之总督；隋以后之刺史，犹今之知府及直隶知州也。"州牧：官职名。古代指一州之长。《尚书·周官》："唐虞稽古，建官惟百，内有百揆四岳，外有州牧侯伯。"宋·蔡沈集传："州牧，各总其州者。"汉成帝时改刺史为州牧。后废置不常。东汉灵帝时，再设州牧，掌一州军政大权。魏晋后废。后世借用为对州最高长官的尊称。清代知州也称"州牧"，官阶甚低，与知县并称"牧令"。

⑩知州：官职名。宋初吸取五代藩镇叛乱的教训，令各镇节度使留驻京城，而派遣朝中大臣分赴各郡主政，称"权知某军州事"，意思是暂时主管某军州的军事、民政。明清时成为主管地方军政事务的正式官职，并简称为"知州"。

⑪台谏：官职名。是唐宋时期"台官"与"谏官"的合称。台官，指各级御史，负责监督官吏；谏官，指谏议大夫、拾遗、补缺等官员，负责讽谏君主。清代将台、谏二官统归都察院，职权不再分别，统称"台谏"。台谏一般用作"监察御史"的别称。《宋史·职官志四》载乾道二年（1166）诏："自今非曾经两任县令，不得除监察御史。"宋制，必须做过两任县令之后才能任监察御史，故誉称"知县"为"台谏"。

⑫知县：明朝以来县一级最高行政长官的正式称呼。

⑬乡宦：指退休居住乡里的官宦。乡绅：乡间的绅士。指乡下有一定地位和名望的读书人。旧注："古之仕者，身衣朝服，束以大带。乡绅，一乡中之束大带者也。"

⑭农官：古代主管农事的官。《史记·平准书》："乃分缗钱诸官，而水衡、少府、大农、太仆，各置农官。"田畯（jùn）：即田啬夫，是古

代监管农事的官员。《诗经·小雅·甫田》："馌彼南亩,田畯至喜。"东汉·郑玄笺："田畯,司啬,今之啬夫也。"唐·孔颖达疏："田畯,田家(官),在田司主稼穑,故谓'司啬'。汉世亦有此官,谓之'啬夫'。"

【译文】

郡侯、邦伯,均为知府的尊称;郡丞、贰侯,都是同知的雅号。

郡宰、别驾,是通判的别名;司李、鹰史,是推官的美称。

刺史、州牧,是知州的两种雅称;鹰史、台谏,都是知县的尊号。

曾经做过官而退居乡下的,称为"乡绅";主管农事的官,叫作"田畯"。

钧座、台座①,皆称仕宦②;帐下、麾下③,并美武官。

秩官既分九品④,命妇亦有七阶⑤:一品曰夫人⑥;二品亦夫人;三品曰淑人⑦;四品曰恭人⑧;五品曰宜人⑨;六品曰安人⑩;七品曰孺人⑪。

妇人受封⑫,曰金花诰⑬;状元报捷⑭,曰紫泥封⑮。

唐玄宗以金瓯覆宰相之名⑯,宋真宗以美珠箝谏臣之口⑰。

金马、玉堂⑱,羡翰林之声价⑲,朱轓、皂盖⑳,仰郡守之威仪㉑。

【注释】

①钧座:旧时书函公文中对行政尊长的敬称。也称"钧席"。"钧"和"衡"都是古代量物的工具,借为评量人才之意。秉钧衡,意为手握选拔人才管理国家大权,故以"钧座"为行政尊长之敬称。

台座:原指宰相之位。旧时书函公文中用作称呼对方的敬辞。宋·王安石《与王宣徽书》:"某顿首再拜留守宣徽太尉台座。"

宋·赵彦卫《云麓漫钞》卷九："（章子厚）以书抵先生：'某惶恐再拜端明尚书台座。'"

②仕宦（huàn）：做官。此处作名词用，指做官的人，即官员。明·孙仁孺《东郭记·妾妇之道》："无阳气，不丈夫，朝中仕宦尽如奴。"

③帐下：指将帅的部下，武官。旧注："帐者，帷也。大将行军，则张帷居之，故称'帐下'。"《后汉书·董卓传》："韩遂走金城羌中，为其帐下所杀。"麾（huī）下：将旗之下，亦即部下。旧注："麾者，旗也。兵卒进退，以此指麾，故称'麾下'。"《史记·项羽本纪》："项王乃上马骑，麾下壮士骑从八百余人。"麾，将帅指挥用的旌旗。

④秩（zhì）官：即官员。因官员品级高低不同，故称"秩官"。秩，序也。九品：古代官吏的等级。始于魏晋时期。从一品到九品，共分九等。北魏时每品各分正、从，第四品起正、从又各分上、下阶，共为三十等。唐宋文职与北魏同。隋及元明清保留正、从品，而无上、下阶之称，共分十八等。

⑤命妇：古时被朝廷赐予封号的妇女，一般为官员的母亲、妻子。七阶：命妇的等级。从一品到七品，共分七等。明清命妇封号，一品、二品称"夫人"，三品称"淑人"，四品称"恭人"，五品称"宜人"，六品称"安人"，七品称"孺人"。

⑥夫人：古代命妇封号之一。王莽封崔篆母师氏为义成夫人，为命妇有"夫人"封号之始。至唐代，文武官一品及国公的母或妻为国夫人，三品以上官员的母或妻为郡夫人。宋代执政以上官员之妻封夫人。明代一品二品官员之妻皆封夫人。清代并封宗室贝勒至辅国将军之妻为夫人。

⑦淑人：古代命妇封号之一。宋凡尚书以上官未至执政者，其母、妻封为淑人，明为三品官员祖母、母、妻封号。清因明制，又增宗室奉国将军之妻为淑人。《永乐大典》卷二千九百七十二引《国朝诸司职掌》："凡文官正从三品，祖母、母、妻各封赠淑人。"清·阮

葵生《茶馀客话》卷一："奉国将军正室称'淑人'。"

⑧恭人：古代命妇封号之一。宋徽宗政和三年（1113）定制，中散大夫至中大夫之妻封恭人，亦为元六品、明清四品官员之妻的封号。如系赠封母或祖母，则称"太恭人"。又，清制宗室之奉恩将军妻亦封恭人。后多用作对官员妻子的尊称。

⑨宜人：古代命妇封号之一。宋代政和年间始有此制。文官自朝奉大夫以上至朝议大夫，其母或妻封宜人；武官官阶相当者同。元代七品官妻、母封宜人，明清五品官妻、母封宜人。

⑩安人：古代命妇封号之一。宋代自朝奉郎以上，其妻封安人。明清时，六品官之妻封安人。如系封与其母或祖母，则称"太安人"。

⑪孺（rú）人：古代命妇封号之一。古代称大夫的妻子，唐代称王的妾，宋代用为通直郎等官员的母亲或妻子的封号，明清则为七品官的母亲或妻子的封号。亦通用为妇人的尊称。

⑫受封：接受册封。封，册封，帝王把名位给予亲属或臣僚。

⑬金花诰（gào）：古代用金花绫罗纸书制赐爵封赠的诰书。多用来册封命妇。宋·杨万里《郭汉卿母挽诗》："未拜金花诰，空悲玉树郎。"宋·胡继宗《书言故事·命妇类》："妇人诰，谓金花诰。"宋·宋敏求《春明退朝录》卷中："凡官告之制：后妃，销金云龙罗纸十七张，销金褾袋，宝装轴，红丝网，金牙楮。公主，销金大凤罗纸十七张，销金褾袋，玳瑁轴，红丝网，涂金银牙楮。……凡修仪、婉容、才人、贵人、美人，销金小凤罗纸七张，销金褾袋，玳瑁轴，红丝网，涂金银牙楮。司言、司正、尚衣、尚食、典宝，常使金花罗纸七张，法锦褾袋。内降夫人、郡君，团窠罗纸七张，晕锦褾袋。宗室妇常使，金花罗纸七张，法锦褾袋。宗室女，素罗纸七张，法锦褾袋。国夫人，销金团窠五色罗纸七张，晕锦褾袋。郡夫人，常使金花罗纸七张，（见任两府母妻，使团窠。）法锦褾袋。（以上至司言、司正等，皆用玳瑁紫丝网，牙楮。）郡君、县太君、遥郡刺

史、正郎以上妻,并销金,常使罗纸七张,余命妇并素罗纸七张。"言之甚详。《宋史·职官志三》:"凡宫掖至外命妇罗纸七种,分十等:遍地销金龙五色罗纸二等。遍地销金凤子五色罗纸二等。销金团窠花五色罗纸二等。销金大花五色罗纸一等。金花五色罗纸一等。五色素罗纸一等。"

⑭状元:古代科举考试中,殿试考取一甲(第一等)第一名的人。殿试是科举制度中最高一级的考试,在宫廷举行,由皇帝亲临主持。唐制,举人赴京应礼部试者皆须投状,因称居首者为"状头",故有"状元"之称。又,唐时新进士,宋时廷试列一甲者,有时也称"状元"。清·袁枚《随园诗话》卷二:"古称'状元',不必殿试第一名。唐代郑谷登第后,有《宿平康里》诗曰:'好是五更残酒醒,耳边闻唤状元声。'按,谷登赵昌翰榜,名次第八,非第一也。周必大有《回姚状元颖启》,《回第二人叶状元适启》。当时新进士,皆得称'状元'。"按,叶适登淳熙进士,为第二名。报捷:报告胜利和成功的好消息。

⑮紫泥封:此即泥金帖子,用泥金涂饰的笺帖。唐以来用于报新进士登科之喜。五代·王仁裕《开元天宝遗事·泥金帖子》:"新进士才及第,以泥金书帖子附家书中,用报登科之喜,至文宗朝,遂浸削此仪也。"宋·张元幹《喜迁莺慢》:"姓标红纸,帖报泥金,喜信归来俱捷。"另,古人用泥封书信,泥上盖印。皇帝诏书专用紫泥,后世便用来指皇帝的诏书。唐·杨炯《崇文馆宴集诗序》:"封紫泥于玺禁,传墨令于银书。"

⑯唐玄宗以金瓯(ōu)覆宰相之名:语本《新唐书·崔琳传》:"初,玄宗每命相,皆先书其名,一日书琳等名,覆以金瓯,会太子入,帝谓曰:'此宰相名,若自意之,谁乎? 即中,且赐酒。'太子曰:'非崔琳、卢从愿乎?'帝曰:'然。'赐太子酒。时两人有宰相望,帝欲相之数矣,以族大,恐附离者众,卒不用。"唐玄宗曾用金盆

盖住想要任命的宰相人名,让太子猜。唐玄宗,唐朝皇帝李隆基（685—762）,庙号玄宗。谥"至道大圣大明孝皇帝",又称"唐明皇"。唐玄宗是唐睿宗第三子,始封楚王,后封临淄郡王。因诛韦后有功,立为太子。先天元年（712）继位,在位45年,前期励精图治,以张九龄、姚崇、宋璟为相,形成"开元之治";后期沉湎酒色,奸相李林甫、杨国忠执政,国事日非,终于引发"安史之乱"。后因受唐肃宗监视,悒郁而死。事迹见新、旧《唐书》本纪。金瓯,金质的盆、盂类物品以及酒杯的美称。

⑰宋真宗以美珠箝（qián）谏臣之口：语本《宋史·王旦传》："钦若曰：'唯有封禅泰山,可以镇服四海,夸示外国。然自古封禅,当得天瑞希世绝伦之事,然后可尔。'既而又曰：'天瑞安可必得？前代盖有以人力为之者,惟人主深信而崇之,以明示天下,则与天瑞无异也。'帝思久之,乃可,而心惮旦,曰：'王旦得无不可乎？'钦若曰：'臣得以圣意喻之,宜无不可。'乘间为旦言,旦黾勉而从。帝犹尤豫,莫与筹之者。会幸秘阁,骤问杜镐曰：'古所谓河出图、洛出书,果何事耶？'镐老儒,不测其旨,漫应之曰：'此圣人以神道设教尔。'帝由此意决,遂召旦饮,欢甚,赐以尊酒,曰：'此酒极佳,归与妻孥共之。'既归发之,皆珠也。由是凡天书、封禅等事,旦不复异议。"宋真宗听王钦若之劝,意欲封禅,担心王旦提反对意见,于是赐给王旦美酒。王旦回家打开酒坛,发现坛子里装满了珠宝,于是对宋真宗行封禅事不提意见。宋真宗,北宋皇帝赵恒（968—1022）,庙号真宗。宋太宗第三子。初封韩王、襄王、寿王。至道元年（995）,立为皇太子。至道三年（997）即位,建元咸平、景德、大中祥符、天禧、乾兴。在位二十六年。前期勤于政事,遣转运使赴各路询民事,蠲放欠税。景德元年（1004）,辽军南下,从宰相寇准之议亲征,于澶渊订盟而还。后期信用王钦若,东封泰山,西祀汾阴,广建宫观,劳民伤财。箝,夹住,封口。

唐·元稹《开元观闲居酬吴士矩侍御》诗:"狂歌终此曲,情尽口长箍。"谏臣,掌谏诤的官员。唐·柳宗元《驳复仇议》:"当时谏臣陈子昂建议诛之而旌其闾。"亦指直言规劝之臣。《国语·晋语一》:"有纵君而无谏臣,有冒上而无忠下,君臣上下,各餍其私。"西汉·刘向《列女传·鲁季敬姜》:"桓公坐友三人,谏臣五人,日举过者三十人,故能成伯业。"

⑱ 金马、玉堂:指翰林院或翰林学士。此处指翰林学士。宋·欧阳修《会老堂致语》诗:"金马玉堂三学士,清风明月两闲人。"清·梅曾亮《欧氏又一村读书图记》:"而苏文忠直禁内,读书夜分,老兵皆倦卧,彼其视金马玉堂之中,波涛尘埃之内,皆学舍也。"原注:"金马门,汉时学士待诏之地;玉堂署,宋时翰林承旨之所。"金马,原指汉代的金马门,是学士等待皇帝诏令的地方。《史记·滑稽列传》:"金马门者,宦(者)署门也。门傍有铜马,故谓之曰'金马门'。"玉堂,原指汉代的玉堂署,是学士议事的地方。《汉书·李寻传》:"过随众贤待诏,食太官,衣御府,久污玉堂之署。"唐·颜师古注:"玉堂殿在未央宫。"清·王先谦补注引清·何焯曰:"汉时待诏于玉堂殿,唐时待诏于翰林院,至宋以后,翰林遂并蒙玉堂之号。"《宋史·苏易简传》:"帝尝以轻绡飞白大书'玉堂之署'四字,令易简榜于厅额。"宋代以后"翰林院"也称为"玉堂"。

⑲ 翰林:官名。"翰林学士"的省称。唐玄宗开元初以张九龄、张说等掌四方表疏批答、应和文章,号"翰林供奉",与集贤院学士分司起草诏书及应承皇帝的各种文字。唐德宗以后,翰林学士成为皇帝的亲近顾问兼秘书官,常值宿内廷,承命撰拟有关任免将相和册后立太子等事的文告,有"内相"之称。唐代后期,往往即以翰林学士升任宰相。北宋翰林学士仍掌制诰。清代以翰林掌院学士为翰林院长官,其下有侍读学士、侍讲学士。清末复置翰林

学士，仅备侍读学士的升迁。声价：名声和社会地位。

⑳朱轓（fān）、皂盖：语本《后汉书·舆服志上》："中二千石、二千石皆皂盖，朱两轓。其千石、六百石，朱左轓。轓长六尺，下屈广八寸，上业广尺二寸，九文，十二初，后谦一寸，若月初生，示不敢自满也。景帝中元五年，始诏六百石以上施车轓，得铜五末，轭有吉阳筒。中二千石以上右骓，三百石以上皂布盖，千石以上皂缯覆盖，二百石以下白布盖，皆有四维杠衣。"红色的车障，黑色的车盖。为古代高官所乘的车子。亦借指高官。南朝梁·江淹《萧太尉上便宜表》："朱轓、皂盖，古无滥秩。"朱轓，车乘两旁之红色障泥。《汉书·景帝纪》："令长吏二千石车朱两轓，千石至六百石朱左轓。"唐·颜师古注引东汉·应劭曰："所以为之藩屏，翳尘泥也。"后常以"朱轓"指贵显者之车乘。朱轓，俗本多讹作"朱幡"，二者实不相同。"轓"，指古代车厢两旁反出如耳的部分，用以障蔽尘泥。相当于今之车轮前挡泥板。"幡"，指旗帜。"朱幡"，红色的旗幡。皂盖，古代官员所用的黑色蓬伞。

㉑此句"郡守"，李光明庄本作"郡首"，据他本改。

【译文】

"钧座""台座"，都是对官员的尊称；"帐下""麾下"，都是对武官的美称。

官员分为九个等级，受封的女性官员家属命妇则有七个等级：第一级，称为"夫人"；第二级，也叫"夫人"；第三级，叫"淑人"；第四级，叫"恭人"；第五级，叫"宜人"；第六级，叫"安人"；第七级，叫"孺人"。

皇帝册封妇女，将诏书写在上好的金花罗纸上，称为"金花诰"；颁布科考成绩，将状元的名字写好，装在用紫泥封口的信袋中，称为"紫泥封"。

唐玄宗将要任命宰相，写好名字，用金盆盖住让太子来猜；宋真宗用珍珠做封口费，堵住大臣王旦的嘴，不让他对封禅提反对意见。

"金马""玉堂",原指金马门和玉堂署,这高雅的名称,代表着翰林学士令人艳羡的名声和地位;"朱轓""皂盖",指红色的挡泥车障和黑色的车盖,这华美的仪仗,体现了郡太守令人仰望的尊贵和威严。

台辅^①,曰紫阁明公^②;知府,曰黄堂太守^③。

府尹之禄二千石^④,太守之马五花骢^⑤。

代天巡狩^⑥,赞称巡按^⑦;指日高升^⑧,预贺官僚。

初到任,曰下车^⑨;告致仕^⑩,曰解组^⑪。

藩垣屏翰^⑫,方伯犹古诸侯之国^⑬;墨绶铜章^⑭,令尹即古子男之邦^⑮。

【注释】

①台辅:指三公、宰辅之位。《后汉书·张奋传》:"臣累世台辅,而大典未定,私窃惟忧,不忘寝食。"

②紫阁:唐代曾改中书省为紫微省,中书令为紫微令,所以称宰相府第为"紫阁"。中书省是古代官署名,最早设置于三国,为秉承君主意旨,掌管机要、发布政令的机构,发展到隋唐,逐渐成为全国政务中枢。明公:旧时对有名位者的尊称。《东观汉记·邓禹传》:"明公虽建蕃辅之功,犹恐无所成立。"

③黄堂:古代太守衙中的正堂。《后汉书·郭丹传》:"敕以丹事编署黄堂,以为后法。"唐·李贤注:"黄堂,太守之厅事。"宋·范成大《吴郡志·官宇》:"黄堂,《郡国志》:在鸡陂之侧,春申君子假君之殿也。后太守居之,以数失火,涂以雌黄,遂名'黄堂'。即今太守正厅是也。今天下郡治,皆名'黄堂',昉此。"也借指太守。宋·黄朝英《靖康缃素杂记》卷上:"太守曰'黄堂'。"

④府尹:官名。始于汉代之京兆尹。一般为京畿地区的行政长官。

唐代之东都、西都、北都及州郡之升府者,皆置府尹。宋代开封之府尹不常置。明代之应天、顺天,清代之顺天、奉天,均置府尹。后亦用以泛称太守。禄:俸给。相当于官员的工资,但没有固定的形式。田产、米粮、钱物等都可以用作俸给支付给各级官吏。《史记·孔子世家》:"卫灵公问孔子:'居鲁得禄几何?'对曰:'奉粟六万。'"二千石:汉制,郡守俸禄为二千石,即月俸百二十斛。世因称郡守为"二千石"。《汉书·百官公卿表上》:"郡守……秩二千石。"《汉书·循吏传序》:"庶民所以安其田里而亡叹息愁恨之心者,政平讼理也。与我共此者,其唯良二千石乎!"唐·颜师古注:"谓郡守、诸侯相。"石,古代计量单位。《汉书·律历志》:"三十斤为'钧',四钧为'石'。""石"本来是重量单位,一石一百二十斤。古时粮食论斗,是容量单位,因为十斗粮食的重量大致相当于一石,所以粮食也论石,一石等于十斗,"石"被挪用来表示容积,成了容量单位。《说文义证》:"然则以石为担,由来旧矣。详其故,因儋受一石,遂呼'石'为'儋'。"

⑤五花骢(cōng):一般指五花马。骢,指青白色的马。唐代人喜将骏马鬃毛修剪成瓣作为打扮,分成五瓣的称为"五花马",也称作"五花""五花骢"。唐·韩翃《送王光辅归青州兼寄储侍御》诗:"远忆故人沧海别,当年好跃五花骢。"但此处,恐宜读作"五/花骢",即五匹花骢马。五马,代指太守。汉乐府诗《陌上桑》(《玉台新咏·日出东南隅行》):"使君从南来,五马立踟蹰。"东汉末年刺史(州牧)出行用"五马"(驷马而右骖),后世将刺史、太守混同,遂以"五马"代指太守。旧注:"礼:天子六马,左右骖。三公九卿驷马,左骖。汉制,九卿则二千石,亦右骖。太守驷马而已,其加秩中二千石,乃右骖,故以'五马'为太守美称。"

⑥代天巡狩(shòu):指钦差代表天子出巡视察。钦差,指奉皇帝之命去外地办事的官吏。巡狩,亦作"巡守"。指天子出行,视察

邦国州郡。《尚书·舜典》："岁二月,东巡守,至于岱宗,柴。"西汉·孔安国传："诸侯为天子守土,故称'守'。巡,行之。"《孟子·梁惠王下》："天子适诸侯曰'巡狩'。巡狩者,巡所守也。"

⑦巡按:官职名。明代有巡按御史,负责考核官员政绩,审理大案,知府以下的官员都要接受其监督,简称"巡按"。《明史·职官志二》："而巡按则代天子巡狩,所按藩服大臣、府州县官诸考察,举劾尤专,大事奏裁,小事立断。"

⑧指日高升:很快就可以升官,旧时官场预祝之词。指日,犹不日。谓为期不远,屈指可数。三国魏·曹植《应诏》诗:"弭节长鹜,指日遄征。"

⑨初到任,曰下车:到任,官员到达任职所在地就职。《旧唐书·武宗纪》:"又赴选官人多京债,到任填还,致其贪求,罔不由此。"下车,《礼记·乐记》:"武王克殷,反商,未及下车,而封黄帝之后于蓟。"后称初即位或到任为"下车"。《后汉书·儒林传》:"及光武中兴,爱好经术,未及下车,而先访儒雅。"

⑩告:请求,申请。致仕:就是将官职归还给皇帝。指古代官员辞去官职。多指官员退休。《公羊传·宣公元年》:"退而致仕。"东汉·何休注:"致仕,还禄位于君。"致,归还。仕,官职,爵位。

⑪解组:即解下印绶,借指辞职。《梁书·谢朏传》:"虽解组昌运,实避昏时。"组,印绶,官员的印章和系住印信的丝带。

⑫藩垣(yuán)屏翰:语本《诗经·大雅·板》:"价人维藩,大师维垣。大邦维屏,大宗维翰。"毛传:"藩,屏也。垣,墙也。……翰,干也。"朱子集传:"价,大也,大德之人也。藩,篱。师,众。垣,墙也。大邦,强国也。屏,树也,所以为蔽也。大宗,强族也。翰,干也,宗子,同姓也。"后遂以"藩垣屏翰"喻藩国、藩镇。藩垣,藩篱和垣墙。泛指屏障。用以比喻藩国、藩镇。唐·刘禹锡《贺雪镇州表》:"王承宗效顺著明,复其官爵;所献二郡,别置藩垣。"

《续资治通鉴·宋纪·宋高宗建炎四年》："甲子,诏曰:'周建侯邦,四国有藩垣之助;唐分藩镇,北边无强敌之虞。'"藩国,古代诸侯王的封国或远离京城地区的封国。藩镇,唐代中期在边境和重要地区设节度使,掌管当地的军政,后来权力逐渐扩大,兼管民政、财政,形成军人割据,常与朝廷对抗,历史上叫作"藩镇"。屏翰,保卫国家边疆的屏障辅翼。《明史·张翀传》:"国家所恃为屏翰者,边镇也。"

⑬方伯:明清时期指布政使。见本篇"方伯、藩侯"条注。

⑭墨绶(shòu)铜章:《汉书·百官公卿表上》:"县令、长,皆秦官,掌治其县。万户以上为令,秩千石至六百石;减万户为长,秩五百石至三百石。……秩比六百石以上,皆铜印黑绶。"《后汉书·蔡邕传》:"墨绶长吏,职典理人。"后因以"墨绶铜章"作为县官及其职权的象征。墨绶,系在印纽上的黑色丝带。后用来作为县官及其职权的象征。铜章,铜制的官印。

⑮令尹:春秋战国时楚国的执政官名,相当于宰相。《论语·公冶长》:"令尹子文,三仕为令尹,无喜色;三已之,无愠色。"宋·邢昺疏:"令尹,宰也。……楚臣令尹为长,从他国之言,或亦谓之'宰'。"《汉书·高帝纪上》:"(怀王)以羽为鲁公,封长安侯,吕臣为司徒,其父吕青为令尹。"唐·颜师古注引晋·臣瓒曰:"诸侯之卿,唯楚称令尹,其余国称相。"后用来泛称县、府等地方行政长官。宋·梅尧臣《立春前一日雪中访乌程宰李君俞依韵和答》诗:"粉絮先春拂面翔,临风跃马到君堂。县民将喜土膏起,令尹未惊农事忙。"子男:子爵和男爵。古代诸侯五等爵位的第四等和第五等。《国语·郑语》:"是其子男之国,虢、郐为大。"宋·梅尧臣《淮南遇梵才吉上人》诗:"我从湖上去,微爵轻子男。"邦:国。古代诸侯的封国、国家,称"邦"。后因避汉高祖刘邦讳,文献中多改为"国"。

【译文】

台辅，尊称"紫阁明公"；知府，雅称"黄堂太守"。

府尹的俸禄是年二千石稻米，太守的车用五匹马拉。

巡按官员代替天子出外视察，称"代天巡狩"；预祝官僚早日升迁，说"指日高升"。

官员刚到任职所在地，称为"下车"；官员辞职退休，叫作"解组"。

"藩垣屏翰"，指布政使，职能权限和古代的诸侯国类似；"墨绶铜章"，指县令，级别地位和古代的子国、男国相仿。

太监掌阉门之禁令，故曰阉宦①；朝臣皆搢笏于绅间②，故曰搢绅③。

萧、曹相汉高，曾为刀笔吏④；汲黯相汉武，真是社稷臣⑤。

召伯布文王之政，尝舍甘棠之下，后人思其遗爱，不忍伐其树⑥；孔明有王佐之才，尝隐草庐之中，先主慕其令名，乃三顾其庐⑦。

【注释】

①太监掌阉（yān）门之禁令，故曰阉宦：语本《后汉书·宦者传》："《易》曰：'天垂象，圣人则之。'宦者四星，在皇位之侧，故《周礼》置官，亦备其数。阉者守中门之禁，寺人掌女官之戒。又云'王之正内者五人'。《月令》：'仲冬，命阉尹审门闾，谨房室。'《诗》之《小雅》，亦有《巷伯》刺谗之篇。然宦人之在王朝者，其来旧矣。将以其体非全气，情志专良，通关中人，易以役养乎？……中兴之初，宦官悉用阉人，不复杂调他士。"太监，官名。也称"宦官"，通常指古代宫廷中替皇室服务的官员，主要负责宫廷杂事。又称"寺人""阉官""宦者""中官""内官""内臣""内侍""内

监”等。唐设内侍省,其长官为监及少监,后用作宦官之通称。辽太府监长官称"太监",元因之,明代在宦官所领二十四衙门各专设掌印太监,在宫廷内侍奉皇帝及其家族。中叶以后其权力扩大,拥有出使、监军、镇守、侦察官民等大权。清代相沿,"太监"成为宦官的专称,设总管太监等为首领,隶属内务府,权力减削。阉门,阉,指被阉割的人,古代常用来看守宫门,故"阉门"代指宫门及太监的职责范围。阉宦,指宦官,亦即太监。《说文解字》:"阉,门竖也。宫中奄昏闭门者。"

② 朝臣:朝廷官员。《韩非子·三守》:"国无臣者,岂郎中虚而朝臣少哉?"搢笏(jìn hù):意思是将笏插在腰带上。搢,插。笏,古代大臣上朝时所执的手板,用玉、象牙或竹片制成,上面可以记事备忘,不用时则插在腰带上。《穀梁传·僖公三年》:"阳谷之会,桓公委端搢笏而朝诸侯。"晋·范宁注:"搢,插也。笏,所以记事也。"

③ 搢绅(jìn shēn):插笏于绅,意思是将笏插(搢)在腰带(绅)上。绅,古代仕宦者和儒者围于腰际的大带。《周礼·春官·典瑞》"王晋大圭"东汉·郑玄注引东汉·郑众曰:"'晋'读为'搢绅'之'搢',谓插于绅带之间,若带剑也。"《资治通鉴·汉纪·汉武帝元封元年》:"乙卯,令侍中儒者皮弁搢绅,射牛行事,封泰山下东方。"后用为官宦或儒者的代称。《东观汉记·明帝纪》:"是时学者尤盛,冠带搢绅,游雍而观化者,以亿万计。"

④ 萧、曹相汉高,曾为刀笔吏:语本《史记·萧相国世家》:"萧相国何于秦时为刀笔吏,录录未有奇节。"暨《汉书·萧何曹参传》:"萧何、曹参皆起秦刀笔吏,当时录录未有奇节。"萧、曹,指萧何和曹参,都是汉初著名的宰相。萧何(?—前193),西汉泗水沛(今江苏沛县)人。初为沛主吏掾。从刘邦入关,收秦相府律令图书藏之,以是知天下关塞险要,郡县户口。刘邦王汉中,以何为丞相。又荐韩信为大将。楚汉相拒,留守关中,转输士卒粮饷,

使军中给食不乏。刘邦称帝,论何功第一,封酂侯。后定律令制度,协助高祖消灭陈豨、韩信、黥布等,封相国。高祖死后,事汉惠帝,病危时荐曹参继相。卒谥文终。曹参(? —前190),西汉泗水沛(今江苏沛县)人。秦时,为沛狱掾,萧何为主吏。秦末,与萧何同随刘邦起事,屡立战功。高祖六年(前201)封平阳侯。曾任齐相九年,并从刘邦击破陈豨、英布。任齐相时,用盖公所言黄老之术,清静无为,与民休息。初与萧何友善,及为将相,有隙。何将死,推荐继相。为惠帝丞相三年,一遵萧何约束,有"萧规曹随"之称。卒谥懿。汉高,指汉高祖刘邦(前256? —前195),字季,沛郡丰邑(今江苏丰县)人。西汉的开国皇帝(前202—前195年在位),史称"太祖高皇帝"。秦末为泗水亭长。秦二世元年(前209),陈胜、吴广起义,刘邦起兵响应,称"沛公"。秦灭后,刘邦战胜项羽,即皇帝位,建立汉朝。刀笔吏,古代处理文书事务的小官吏,类似于今天的秘书。刀笔,在没有纸张和橡皮的古代,用竹简刻字记事,用刀子刮去错字,因此把有关文书案牍的事务称作"刀笔"。《后汉书·刘盆子传》:"酒未行,其中一人出刀笔书谒欲贺,其余不知书者起请之。"唐·李贤注:"古者记事书于简册,谬误者以刀削而除之,故曰'刀笔'。"

⑤汲黯(jí àn)相汉武,真是社稷臣:语本《史记·汲郑列传》:"上曰:'汲黯何如人哉?'助曰:'使黯任职居官,无以逾人。然至其辅少主,守城深坚,招之不来,麾之不去,虽自谓贲、育亦不能夺之矣。'上曰:'然。古有社稷之臣,至如黯,近之矣。'"汉武帝称赞汲黯是社稷之臣。《汉书·汲黯传》亦载之。汲黯(? —前112),字长孺,西汉濮阳(今属河南)人。汉景帝时以父任为太子洗马。汉武帝初为谒者,往视河内火灾,矫制发仓粟赈民。出为东海太守,轻刑简政,不苛细,有治绩。召为主爵都尉,列于九卿。为人性倨少礼,好直谏廷诤,谓汉武帝内多欲而外施仁义,汉武帝称

为"社稷之臣"。又主张与匈奴和亲,反对兴兵。指责公孙弘、张汤等刀笔吏舞文弄法,阿谀君主。以事免官,居田园数年,召拜淮阳太守,卒于官。汉武,指汉武帝刘彻(前156—前87),是汉朝的第七位天子(前141—前87年在位),死后谥号"孝武皇帝",汉宣帝时上庙号"世宗"。刘彻为汉景帝中子,前元七年(前150)被立为太子,在景帝死后即位。在位期间,行"推恩令",使诸侯王分地与子弟为侯,削弱诸侯国势力。设十三刺史部以加强控制。征收商贾车船税,行"告缗令",征收商贾资产税,以抑制富商。采桑弘羊议,实行冶铁、煮盐、铸钱官卖。设平准官、均输官,官营贸易与运输。行"代田法",兴修水利,移民屯田,发展农业。遣张骞通西域,派唐蒙至夜郎,建立西南七郡。又遣卫青、霍去病进击匈奴,保障北方。用董仲舒策,"独尊儒术",兼用法术刑名,强化封建统治。行封禅,求神仙,大兴土木,徭役繁重,以致农民流亡,天汉二年(前99),关东农民纷纷起事,历经数年。自建元至后元曾改年号十一次,为帝王有年号之始。在位五十四年。社稷臣,关系到国家安危的重臣。《孟子·尽心上》:"有事君人者,事是君则为容悦者也。有安社稷臣者,以安社稷为悦者也。"《史记·袁盎晁错列传》:"绛侯所谓功臣,非社稷臣。社稷臣主在与在,主亡与亡。"社稷,原指古代帝王、诸侯所祭的土神和谷神。"社"是土神,"稷"是谷神,古代也用来代指国家。

⑥"召(shào)伯布文王之政"四句:语本《诗经·召南·甘棠》:"蔽芾甘棠,勿翦勿伐,召伯所茇。"郑笺:"茇,草舍也。召伯听男女之讼,不重烦劳百姓,止舍小棠之下而听断焉。国人被其德,说其化,思其人,敬其树。"朱子集传:"蔽芾,盛貌。甘棠,杜梨也。白者为棠,赤者为杜。剪,剪其枝叶也。伐,伐其条干也。伯,方伯也。茇,草舍也。召伯循行南国,以布文王之政,或舍甘棠之下。其后,人思其德,故爱其树,而不忍伤也。"召康公勤于政事,不

肯给百姓添麻烦,曾在甘棠树下搭草舍休息。老百姓爱戴他,他走后,都不忍砍伐那棵甘棠树的枝条。召伯,或作"邵公""召康公"。姬姓,名奭,西周初人。初受采邑于召。佐周武王灭纣,支持周公东征,以功封于北燕,为燕国始祖,实由其子就封地。周成王时为太保,与周公分陕而治,治陕以西地。常巡行乡邑,听讼决狱治事,使侯伯乃至庶人各得其所。后奉命营建雒邑,镇守东都,为西周开国重臣。卒,民思其政,作诗《甘棠》咏之。谥康。《毛诗序·甘棠》东汉·郑玄笺:"召伯,姬姓,名奭,食采于召,作上公,为二伯,后封于燕。"布文王之政,推行周文王的政教。布政,施政。尝,曾经。舍,此处作动词,指结舍,建造简陋的房舍。引申为居住、休息。甘棠,木名。即棠梨,一名"杜梨"。《诗经·召南·甘棠》篇,毛传:"甘棠,杜也。"唐·孔颖达疏引《草木疏》云:"今棠黎。"遗爱,留于后世而被人追怀的德行、恩惠、贡献等。《后汉书·西南夷传·邛都》:"天子以张翕有遗爱,乃拜其子湍为太守。"

⑦"孔明有王佐之才"四句:语本蜀汉·诸葛亮《出师表》:"先帝不以臣卑鄙,猥自枉屈,三顾臣于草庐之中。"孔明,诸葛亮(181—234),字孔明,琅邪阳都(今山东沂南)人。东汉末避乱隆中(今湖北襄阳襄城区西),躬耕读书,自比于管仲、乐毅,时有"卧龙"之称。汉献帝建安十二年(207),刘备屯新野,三顾茅庐,诸葛亮陈述据有荆益、西和诸戎、南抚夷越、结好孙权、共抗曹操之策,出而为刘备主要谋士。次年,曹操南争荆州,出使东吴,孙刘联合抗曹,获赤壁之胜,刘备据有荆州。建安十九年(214),入蜀增援刘备,定成都,任军师将军,镇守成都。备称帝,任丞相,录尚书事。张飞死后,领司隶校尉。章武三年(223),受遗诏辅佐刘禅,封武乡侯,领益州牧。政事无巨细,咸决于亮。东和孙权,南平诸郡,北争中原,多次出兵攻魏。与魏将司马懿对峙于渭南,病

卒于五丈原军中。谥忠武。传制木牛流马，用于山地转运，又革新连弩，能同发十箭。为一代名相。王佐，王者的辅佐，能辅佐君主成就王霸大业的人。《汉书·董仲舒传》："刘向称'董仲舒有王佐之材，虽伊、吕亡以加，管、晏之属，伯者之佐，殆不及也。'"隐，隐居。草庐，草屋，茅草房。先主，指三国时期蜀汉开国皇帝刘备。刘备（161—223），字玄德，汉末涿郡涿县（今河北涿州）人。远支皇族（西汉中山靖王刘胜之后）。少孤，贩履织席为生。东汉末起兵镇压黄巾军。先后依公孙瓒、陶谦、曹操、袁绍、刘表等。赤壁之战中，联合孙权，大破曹操，据荆州。旋取益州、汉中。汉献帝建安二十四年（219），自立为汉中王。曹丕代汉之次年（221）称帝，国号"汉"，建都成都。章武初，率师伐吴，在夷陵之战中大败，卒于白帝城。在位三年。谥昭烈。史家又称他为"先主"。令名，美好的声誉。《左传·襄公二十四年》："侨闻君子长国家者，非无贿之患，而无令名之难。"令，美好。三顾其庐，刘备三次前往诸葛亮在隆中的隐居地，请教平定天下的韬略，并竭诚邀请他出山辅佐自己。后以"三顾草庐"比喻对贤才的诚心邀请。

【译文】

太监掌管宫门门禁，所以叫"阉宦"；群臣上朝拜见皇帝，都把笏板插在腰带里，所以叫"搢绅"。

萧何、曹参先后担任汉高祖的宰相，他们都曾是身份卑微的"刀笔小吏"；汲黯辅佐汉武帝，实在是国家不可或缺的"社稷重臣"。

召康公推行周文王仁政，在室外办公，曾在甘棠树下休息，后人纪念他留下的恩德，不忍心砍伐这棵树；诸葛亮有辅佐君王的才干，曾隐居住在乡野草屋之中，蜀汉先主刘备仰慕他的大名，就三次登门请教并邀请他出山。

鱼头参政，鲁宗道秉性骨鲠①；伴食宰相，卢怀慎居位无能②。

王德用，人称黑王相公③；赵清献，世号铁面御史④。

汉刘宽责民，蒲鞭示辱⑤；项仲山洁己，饮马投钱⑥。

李善感直言不讳，竞称鸣凤朝阳⑦；汉张纲弹劾无私，直斥豺狼当道⑧。

民爱邓侯之政，挽之不留；人言谢令之贪，推之不去⑨。

廉范守蜀郡，民歌五裤⑩；张堪守渔阳，麦穗两歧⑪。

【注释】

①鱼头参政，鲁宗道秉性骨鲠（gěng）：语本《宋史·鲁宗道传》："枢密使曹利用恃权骄横，宗道屡于帝前折之。自贵戚用事者皆惮之，目为'鱼头参政'，因其姓，且言骨鲠如鱼头也。"宋朝鲁宗道任参知政事，为人正直，说话不怕得罪人，因为他姓鲁，"鲁"字是"鱼"字头，且秉性刚烈耿直，所以被称为"鱼头参政"。鲁宗道有"鱼头参政"之名，广见于宋代文献。陈均《九朝编年备要》卷九、李焘《续资治通鉴长编》卷一百七、徐自明《宋宰辅编年录》卷四、黄震《黄氏日抄》卷五十、朱熹《宋名臣言行录》前集卷五等皆载。参政，官名。宋代"参知政事"的省称，为宰相的副职。元于中书省、行中书省皆置参政，为副贰之官。明于布政使下置左、右参政。清初，各部也设参政，后改侍郎。鲁宗道（966—1029），字贯之，宋亳州谯县（今安徽亳州）人。宋真宗咸平二年（999）进士。天禧中为右正言。宋仁宗即位，迁户部郎中，拜右谏议大夫、参知政事。贵戚用事者皆惮之，目为"鱼头参政"。天圣七年（1029）卒，年六十四。卒谥肃简。《宋史》有传。秉性，天性，本性。骨鲠，原指鱼骨头，后用以比喻个性正直、刚健。《史记·吴太伯世家》："方

今吴外困于楚,而内空无骨鲠之臣,是无奈我何。"鲠,鱼骨。

②伴食宰相,卢怀慎居位无能:语本《旧唐书·卢怀慎传》:"怀慎
与紫微令姚崇对掌枢密,怀慎自以为吏道不及崇,每事皆推让
之。时人谓之'伴食宰相'。"唐朝宰相卢怀慎,在任期间与紫微
令姚崇共同处理军机大事。他胆小懦弱,什么事都推给姚崇处
理。人们对他这种光吃饭不做事的行为表示不满,私下送他"伴
食宰相"的外号,嘲讽他处理政事好像陪同姚崇吃饭,没有自己
的主张。后因以指身居相位而庸懦不能任事者。《新唐书·卢
怀慎传》《资治通鉴·唐纪·唐玄宗开元三年》亦载。伴食,陪
着人家一道吃饭。用来讽刺无所作为、不称职的官员。卢怀慎
(?—716),唐滑州灵昌(今河南滑县)人。少清谨,举进士,历
监察御史、吏部员外郎。唐中宗景龙中,迁右御史台中丞,累至
黄门侍郎,封渔阳县伯。唐玄宗先天中,与魏知古于东都分掌选
事。开元元年(713),进同中书门下平章事。寻迁黄门监。四年
(716),兼吏部尚书,卒于任。赠荆州大都督,谥文成。卢怀慎与
紫微令姚崇对掌枢密,自以吏道不及姚崇,每事皆推让之,时人
谓为"伴食宰相"。然为官清俭,以直道始终。生平见新、旧《唐
书》本传。

③王德用,人称黑王相公:语本《宋史·王德用传》:"德用状貌雄
毅,面黑,颈以下白皙,人皆异之。……德用将家子,习知军中情
伪,善以恩抚下,故多得士心。虽屡临边境,未尝亲矢石、督攻战,
而名闻四夷,虽闾阎妇女小儿,皆呼德用曰'黑王相公'。"相公,
是旧时对宰相的敬称。王德用,脸黑,官拜同平章事,位在宰相之
上,当时人爱戴他,称他"黑王相公"。王德用名闻天下,"黑王相
公"之号,广见于宋代文献。李焘《续资治通鉴长编》卷一百七
十二、陈均《九朝编年备要》卷十五、《宋宰辅编年录》卷五、吕中
《宋大事记讲义》卷八、潘自牧《记纂渊海》卷二十一、黄震《古

今纪要》卷十八、林骃《古今源流至论》卷三、孙升《孙公谈圃》卷上、阙名《锦绣万花谷》卷十五、章定《名贤氏族言行类稿》卷二十四、朱熹《宋名臣言行录》前集卷八等皆载。王德用（979—1057），字元辅，宋赵州（今河北赵县）人。名将王超子，年十七随父出击李继迁。累迁内殿崇班。宋仁宗时，历殿前都虞候、知枢密院事、宣徽南院使。因状貌类太祖，降知随州。契丹求关南地，以兵压境，拜保静军节度使、知澶州，徙真定府、定州路都总管，训练士卒，加强守备。累拜同平章事、判澶州，以太子太师致仕。再起，历官至枢密使，封鲁国公。卒谥武恭。

④赵清献，世号铁面御史：语本宋·苏轼《赵清献公神道碑》："曾公亮为翰林学士，未识公，而以台官荐，召为殿中侍御史。弹劾不避权幸，京师号公'铁面御史'。"《宋史·赵抃传》引之。北宋名臣赵抃（谥清献）在担任殿中侍御史时，弹劾不避权贵，有"铁面御史"之称。赵抃为宋代名臣，其神道碑又出自大文豪苏轼之手，"铁面御史"之号流传甚广，屡见于宋代文献，兹不枚举。赵清献，即赵抃（1008—1084），字阅道（一作"悦道"），号知非子，宋衢州西安（今浙江衢州衢江区）人。宋仁宗景祐元年（1034）进士，除武安军节度推官。历知崇安、海陵、江原三县，通判泗洲。至和元年（1054），召为殿中侍御史。嘉祐元年（1056）出知睦州，移梓州路转运使，旋改益州。召为右司谏，因论事出知虔州。宋英宗即位，奉使契丹，还，进河北都转运使。治平元年（1064），出知成都。神宗立，以知谏院召还，秋，擢参知政事。熙宁三年（1070），因反对青苗法去位。历知杭州、青州、成都、越州，复徙杭州。元丰二年（1079）二月，以太子少保致仕。退居于衢。七年（1084）卒，年七十七，谥清献。有《清献集》十卷。铁面，喻指刚直无私。御史，官名。春秋战国时期列国皆有御史，为国君亲近之职，掌文书及记事。秦设御史大夫，职副丞相，位甚尊；并

以御史监郡,遂有纠察弹劾之权,盖因近臣使作耳目。汉以后,御史职衔累有变化,职责则专司纠弹,而文书记事乃归太史掌管。宋·王谠《唐语林·补遗》:"御史主弹奏不法,肃清内外。唐兴,宰辅多自宪司登钧轴,故谓御史为宰相。"

⑤汉刘宽责民,蒲鞭示辱:语本《后汉书·刘宽传》:"延熹八年,征拜尚书令,迁南阳太守。典历三郡,温仁多恕,虽在仓卒,未尝疾言遽色。常以为'齐之以刑,民免而无耻'。吏人有过,但用蒲鞭罚之,示辱而已,终不加苦。事有功善,推之自下。灾异或见,引躬克责。每行县止息亭传,辄引学官祭酒及处士诸生执经对讲。见父老慰以农里之言,少年勉以孝悌之训。人感德兴行,日有所化。"刘宽(120—185),字文饶,东汉弘农华阴(今陕西华阴)人。宗室名臣,司徒刘崎之子。少学今文经,称通儒。汉桓帝时累官东海相,延熹八年(165)拜尚书令,迁南阳太守,政尚宽仁,吏民有过,但用蒲鞭示罚。汉灵帝初,征拜太中大夫侍讲华光殿。预知黄巾起义之谋,上报。官至太尉,封逯乡侯。卒谥昭烈。蒲鞭,蒲草做的鞭子。东汉名臣刘宽为官清正宽厚,不喜欢使用残酷的刑罚。部下或百姓犯错时,只是用蒲鞭抽打几下而已,意在让当事人自己感到羞耻,从而知错必改。后遂用以表示刑罚宽仁。

⑥项仲山洁己,饮马投钱:语本东汉·赵岐《三辅决录·饮马》:"安陵清者有项仲山,饮马渭水,每投三钱。"《三辅决录》早佚。《艺文类聚》卷九十三及宋代文献孔传《白孔六帖》卷四十、《太平御览》卷六十二、宋敏求《长安志》卷十一、阙名《翰苑新书》卷六十八、潘自牧《记纂渊海》卷七、阙名《锦绣万花谷》后集卷二十、邓名世《古今姓氏书辩证》卷二十一、叶廷珪《海录碎事》卷十二、吴淑《事类赋》卷二十一等书皆引之。项仲山,汉朝安陵(今陕西咸阳东北)人。以清廉、迂腐著称于世。饮马投钱,汉朝人项仲山为人清廉得近乎迂腐,每次在渭河边喂马喝水时,都要投

入三枚铜钱，表示不占便宜。后用为清介、不妄取的典故。又，《太平御览（卷四百二十六）•人事部六十七•清廉下》引《风俗通》曰："颍川黄子廉者，每饮马，投钱于水中。"《太平御览（卷一百八十九）•居处部十七•井》引《风俗通》曰："邻子路行饮马，投钱井中。"

⑦李善感直言不讳，竞称鸣凤朝阳：语本《新唐书•韩瑗传》："自瑗与遂良相继死，内外以言为讳将二十年。帝造奉天宫，御史李善感始上疏极言，时人喜之，谓为'凤鸣朝阳'。"《资治通鉴•唐纪•唐高宗永淳元年》："关中先水后旱、蝗，继以疾疫，米斗四百，两京间死者相枕于路，人相食。上既封泰山，欲遍封五岳，秋，七月，作奉天宫于嵩山南。监察御史里行李善感谏曰：'陛下封泰山，告太平，致群瑞，与三皇五帝比隆矣。数年已来，菽粟不稔，饿殍相望，四夷交侵，兵车岁驾；陛下宜恭默思道以禳灾谴，乃更广营宫室，劳役不休，天下莫不失望。臣忝备国家耳目，窃以此为忧！'上虽不纳，亦优容之。自褚遂良、韩瑗之死，中外以言为讳，无敢逆意直谏，几二十年；及善感始谏，天下皆喜，谓之'凤鸣朝阳'。"唐高宗永淳元年（682），水旱饥馑，关中疲敝，唐高宗欲遍封五岳，在嵩山南筑奉天宫，监察御史里行李善感力谏阻止。当时已二十多年无人敢于直言，人们听到他劝谏，激动地赞誉此举是"凤鸣朝阳"。李善感，唐朝大臣，唐高宗时任监察御史里行。直言不讳，说话坦率，毫无隐讳。讳，忌讳。鸣凤朝阳，凤凰向着朝阳鸣叫。《诗经•大雅•卷阿》："凤皇鸣矣，于彼高冈。梧桐生矣，于彼朝阳。"东汉•郑玄笺："凤皇鸣于山脊之上者，居高视下，观可集止，喻贤者待礼乃行，翔而后集。梧桐生者，犹明君出也。生于朝阳者，被温仁之气，亦君德也。"后因以"鸣凤朝阳"比喻正直敢言的贤士遇上胸怀开阔、愿意听取各种意见的英明君主，朝廷气象一新。

⑧汉张纲弹劾（hé）无私，直斥豺（chái）狼当道：语本《后汉书·张纲传》："汉安元年，选遣八使徇行风俗，皆耆儒知名，多历显位，唯纲年少，官次最微。余人受命之部，而纲独埋其车轮于洛阳都亭，曰：'豺狼当路，安问狐狸！'遂奏曰：'大将军冀，河南尹不疑，蒙外戚之援，荷国厚恩，以舅甥之资，居阿衡之任，不能敷扬五教，翼赞日月，而专为封豕长蛇，肆其贪叨，甘心好货，纵恣无底，多树谄谀，以害忠良。诚天威所不赦，大辟所宜加也。谨条其无君之心十五事，斯皆臣子所切齿者也。'书御，京师震竦。"东汉顺帝汉安元年（142）派遣御史巡查四方，张纲把车轮埋在洛阳都亭，说"豺狼当道，安问狐狸"，意思是暴虐奸邪的人掌握国政，大贪官就在首都洛阳城中，不抓他们，却去外面抓小贪官，有什么意义呢？张纲（108？—143），字文纪，东汉犍为郡武阳（今四川彭山）人。少明经学，为侍御史。汉顺帝汉安元年（142），奉使考察州郡，行前埋车轮于洛阳都亭，认为"豺狼当路，安问狐狸"，遂参劾大将军梁冀等奸恶十五事，京师震动。帝知其言直，终不能用。时广陵人张婴聚众数万起义，张纲为广陵太守，单骑往喻，张婴遂归降。在郡一年卒。弹劾，古代担任监察职务的官员检举违法违纪官吏的罪状，称为"弹劾"。《旧唐书·职官志三》："凡中外百僚之事，应弹劾者，御史言于大夫。"豺狼当道，豺狼横在道路中间，比喻暴虐奸邪的人掌握国政。汉魏时期即为习用语。《汉书·孙宝传》："豺狼横道，不宜复问狐狸。"东汉·荀悦《汉纪·平帝纪》："豺狼当道，安问狐狸！"《三国志·魏书·杜袭传》："方今豺狼当路而狐狸是先，人将谓殿下避强攻弱，进不为勇，退不为仁。"

⑨"民爱邓侯之政"四句：语本《晋书·良吏传·邓攸》："时吴郡阙守，人多欲之，帝以授攸。攸载米之郡，俸禄无所受，唯饮吴水而已。时郡中大饥，攸表振贷，未报，乃辄开仓救之。台遣散骑常侍桓彝、虞騤慰劳饥人，观听善不，乃劾攸以擅出谷。俄而有诏原

之。攸在郡刑政清明，百姓欢悦，为中兴良守。后称疾去职。郡常有送迎钱数百万，攸去郡，不受一钱。百姓数千人留牵攸船，不得进，攸乃小停，夜中发去。吴人歌之曰：'纻如打五鼓，鸡鸣天欲曙。邓侯挽不留，谢令推不去。'百姓诣台乞留一岁，不听。"晋代官员邓攸曾任吴郡（治今江苏苏州）太守，勤政爱民，离任时百姓挽留不让离去。他的前任谢太守则非常贪财，人们于是唱道："邓侯挽不留，谢令推不去。"意思是说不该走的走了，该走的却送不走。邓侯，指邓攸（？—326），字伯道，两晋之际平阳襄陵（今山西襄汾）人。少孤。初为吴王文学。西晋怀帝永嘉末，为石勒所俘，为参军。后逃至江东，晋元帝以为太子中庶子，寻迁吴郡太守。时大饥，乃开仓救民。在郡廉洁清明，颇得民心。累迁尚书右仆射。南逃时，携一子一侄，途中屡遇险，不能两全，乃弃子全侄，后终无嗣。后人为其抱憾曰："天道无知，使伯道无子。"谢令，邓攸的前任吴郡太守谢某，名字不可考。

⑩廉范守蜀郡，民歌五裤：语本《后汉书·廉范传》："中建初，迁蜀郡太守，其俗尚文辩，好相持短长，范每厉以淳厚，不受偷薄之说。成都民物丰盛，邑宇逼侧，旧制禁民夜作，以防火灾，而更相隐蔽，烧者日属。范乃毁削先令，但严使储水而已。百姓为便，乃歌之曰：'廉叔度，来何暮？不禁火，民安作。平生无襦今五绔（同"裤"）。'"东汉时成都物产丰盛，房屋之间很窄，从前的条令禁止百姓晚上活动，防止火灾，但是百姓偷偷活动，火灾常常发生。廉范做太守，废除原来的法令，只是严格要求百姓储存水而已。百姓感到很方便，于是唱歌赞颂他："廉叔度，来何暮？不禁火，民安作。平生无襦今五绔。"廉范，字叔度，东汉京兆杜陵（今陕西西安）人。求学京师，受业于博士薛汉。后薛汉坐楚王刘英事诛，范独往收殓，由是显名。举茂才，迁云中太守。汉明帝永平十六年（73）匈奴寇边，廉范击破之。后为武威、武都太守。汉章帝建

中初迁蜀郡太守,百姓歌之。后免归乡里。善治产,好赈济,世称其义。蜀郡,中国古代行政区划名。秦灭古蜀国,始置蜀郡。汉仍其旧,辖境包括今四川中部大部分,治所在今四川成都。五裤,五条裤子。蜀郡百姓歌颂太守廉范的政绩,说百姓"平生无襦今五绔(同"裤")",意思是说这辈子不曾穿短袄,现在不但有袄穿,还有五条裤子。后用以称颂地方官吏施行善政,百姓丰衣足食。

⑪张堪守渔阳,麦穗两歧(qí):语本《后汉书·张堪传》:"(堪)乃于狐奴开稻田八千余顷,劝民耕种,以致殷富。百姓歌曰:'桑无附枝,麦穗两歧。张君为政,乐不可支。'"张堪,字君实,东汉南阳宛(今河南南阳)人。年十六,受业长安,志美行厉,称"圣童"。光武初拜郎中,从大司马吴汉讨公孙述,道拜蜀郡太守。进据成都,秋毫无私,吏民悦之。后迁骑都尉,从杜茂击破匈奴于高柳,拜渔阳太守。捕击奸猾,赏罚必信。开稻田八千余顷,劝民耕种,百姓歌之。视事八年,匈奴不敢犯塞。去职之日,乘折辕车,布被囊而已。渔阳,古郡名。战国燕置渔阳郡,从秦代直到晋代,治所都在今北京密云西南。隋朝末年将无终县改为渔阳,唐玄宗天宝元年(742)改蓟州为渔阳郡,治所在今天津蓟州区。麦穗两歧,一根麦长两个穗。歧,亦作"岐"。指一麦两穗。旧时以麦穗两歧为祥瑞,以兆丰年。亦用以称颂吏治成绩卓著。

【译文】

鲁宗道秉性耿直,他担任参政时,遇事敢说话,人们赞扬他是"鱼头参政";卢怀慎生性懦弱,虽然位居宰相,却不敢管事,人们嘲讽他是"伴食宰相"。

王德用刚毅正直,长着一张黑脸,人们叫他"黑王相公";赵清献担任御史,敢于弹劾官吏,世人称他"铁面御史"。

汉朝贤太守刘宽处罚犯错误的百姓,只是用蒲鞭轻打当事人,让他自己反思;项仲山洁身自好,每回在渭河饮马,都要往水里投几枚铜钱。

李善感直言不讳,提意见阻止皇帝大兴土木,人们都称他说这是"鸣凤朝阳";汉代张纲秉公议政,弹劾皇亲国戚,指责他们如同"豺狼当道"。

吴郡百姓感激邓攸的仁政,希望他长期留任,却还是没能留住;大家都骂他的前任谢长官贪婪腐败,赶都赶不走。

廉范任蜀郡太守时实行惠民政策,百姓唱"五裤"之歌来颂扬他;张堪任渔阳太守时鼓励耕作,人们将丰收的景象喻为"麦穗两歧"。

鲁恭为中牟令,桑下有驯雉之异①;郭伋为并州守,童儿有竹马之迎②。

鲜于子骏,宁非一路福星③;司马温公,真是万家生佛④。

鸾凤不栖枳棘,羡仇香之为主簿⑤;河阳遍种桃花,乃潘岳之为县官⑥。

刘昆宰江陵,昔日反风灭火⑦;龚遂守渤海,令民卖刀买牛⑧。

此皆德政可歌⑨,是以令名攸著⑩。

【注释】

①鲁恭为中牟(mù)令,桑下有驯雉(zhì)之异:语本《后汉书·鲁恭传》:"拜中牟令。……建初七年,郡国螟伤稼,犬牙缘界,不入中牟。河南尹袁安闻之,疑其不实,使仁恕掾肥亲往廉之。恭随行阡陌,俱坐桑下,有雉过,止其旁。旁有童儿,亲曰:'儿何不捕之?'儿言:'雉方将雏。'亲瞿然而起,与恭诀曰:'所以来者,欲察君之政迹耳。今虫不犯境,此一异也;化及鸟兽,此二异也;竖子有仁心,此三异也。久留,徒扰贤者耳。'还府,具以状白安。"鲁恭(32—112),字仲康,东汉扶风平陵(今陕西咸阳)人。少居太学,习《鲁诗》。汉章帝集诸儒于白虎观,鲁恭以明于经学见召,参与其议。

拜中牟令,以德化为理,不任刑罚。累迁司徒,选辟高第,至列卿郡守者数十人。性谦退,奏议依经,无所隐讳。中牟,古县名。地即今河南中牟。驯雉之异,东汉鲁恭任中牟县令时,因为仁慈宽厚感化百姓以致鸟兽。有一次鲁恭和前来考察他的上级官员坐在路边的桑树下休息,这时飞来一只野鸡安详温驯地停在他们身边,连近前的小孩都不去抓它,令长官倍觉惊异和感动。雉,野鸡。

②郭伋(jí)为并(bīng)州守,童儿有竹马之迎:语本《后汉书·郭伋传》:"伋前在并州,素结恩德,及后入界,所到县邑,老幼相携,逢迎道路。所过问民疾苦,聘求耆德雄俊,设几杖之礼,朝夕与参政事。始至行部,到西河美稷,有童儿数百,各骑竹马,道次迎拜。伋问:'儿曹何自远来?'对曰:'闻使君到,喜,故来奉迎。'伋辞谢之。及事讫,诸儿复送至郭外,问:'使君何日当还?'伋谓别驾从事,计日告之。行部既还,先期一日,伋为违信于诸儿,遂止于野亭,须期乃入。"郭伋,李光明庄原本作"郭汲",据《后汉书》及他本改。郭伋(前38—47),字细侯,两汉之际扶风茂陵(今陕西兴平)人。西汉哀平间为渔阳都尉,王莽时迁并州牧。汉光武帝即位,为尚书令,数纳忠谏诤。出为渔阳太守,整勒士马,匈奴畏惮远迹,民得安业。建武十一年(35)及调并州牧,帝引见,伋因言当简天下贤俊,不宜专用南阳人,帝纳之。二十二年(46),征为太中大夫。明年卒,时年八十六。帝亲临吊,赐冢茔地。并州,古州名。相传禹治洪水,将天下划分为九州,并州为九州之一,其地约当今河北保定和山西太原、大同一带地区。《周礼·夏官·职方氏》:"乃辨九州之国,……正北曰并州,其山镇曰恒山。"竹马之迎,郭伋担任并州牧,有一次到下面视察,有几百名儿童骑着竹马来欢迎他,并问他什么时候返回再经过,到时还要来送别。郭伋告诉他们返回日期,后来提前一天到达,就在郊外住了一夜,第二天才进城。后用为称颂地方官吏深受百姓爱戴之典。童儿,犹

"儿童"。

③鲜于子骏,宁非一路福星:语本宋·秦观《鲜于子骏行状》:"公为东京转运使。温公曰:'子骏不当使外。顾东土承使者聚敛之后,民不聊生,烦子骏往救之耳。'比公行,又谓所亲曰:'福星往矣,安得百子骏布在天下乎!'"暨宋·李焘《续资治通鉴长编》卷三百六十一:(宋神宗元丰八年,)"朝议大夫鲜于侁为京东转运使。熙宁末,侁已尝为京东转运使。于是司马光语人曰:'今复以子骏为转运使,诚非所宜。然朝廷欲救东土之弊,非子骏不可。此一路福星也。可以为诸路转运使模范矣。'又曰:'安得百子骏布在天下乎!'侁既至,奏罢莱芜、利国两监铁冶,又乞海盐依河北通商,民大悦。"宋代文献,陈均《九朝编年备要》卷二十一、彭百川《太平治迹统类》卷十八亦载,引司马光语,皆有"一路福星"四字。鲜于子骏,鲜于侁(shēn,1019—1087),字子骏,宋阆州(治今四川阆中)人。宋仁宗景祐五年(1038)进士。调京兆府栎阳县主簿、江陵右司理参军。庆历中迁秘书丞、通判绵州。宋神宗熙宁初,除利州路转运判官,升副使兼提举常平。时行新法,拒不散青苗钱,且捕械贪吏,不私姻戚。苏轼称其"上不害法,中不废亲,下不伤民"。徙京东西路转运使,所荐刘挚、李常等,多旧党知名者。元丰中知扬州,坐事罢。宋哲宗即位,起为京东路转运使。后除集贤殿修撰,知陈州。元祐二年(1087)卒,年六十九。精于经术,尤长于《楚辞》。有《诗传》《易断》等。生平见宋·秦观《淮海集·鲜于子骏行状》。《宋史》有传。一路福星,鲜于侁为京东转运使,临行,司马光对人说:"福星往矣。"宋代史书引司马光语,多作"一路福星"。福星,即岁星,旧时术士谓岁星照临能降福于民。宋代行政大区称"路",后以"路"为"道路"之"路",以"一路福星"为祝人旅途平安之语。清·范寅《越谚》卷上:"一路福星,又一路顺风,送远行语。"

④司马温公，真是万家生佛：旧注："司马光为相，封温国公，德惠及
人，咸称之为'万家生佛'。"司马光勤政爱民，深得百姓爱戴。
《宋史·司马光传》载："帝（神宗）崩，赴阙临，卫士望见，皆以手
加额曰：'此司马相公也。'所至，民遮道聚观，马至不得行，曰：
'公无归洛，留相天子，活百姓。'……起光知陈州，过阙，留为门
下侍郎。苏轼自登州召还，缘道人相聚号呼曰：'寄谢司马相公，
毋去朝廷，厚自爱以活我。'"天下为王安石新法所苦，都寄希望
于司马光能革除弊政，还百姓生路。《宋史》本传载司马光去世
时，"京师人罢市往吊，鬻衣以致奠，巷哭以过车。及葬，哭者如哭
其私亲。岭南封州父老，亦相率具祭，都中及四方皆画像以祀，饮
食必祝"。司马光去世，都城百姓自发吊唁致奠，天下四方都画
像敬祀。司马温公，指北宋名臣司马光。司马光（119—1086），
字君实，号迂夫，晚号迂叟，宋陕州夏县（今山西夏县）涑水乡人，
世称"涑水先生"。司马池之子。少聪颖好学，以父荫为将作监
主簿。宋仁宗宝元元年（1038）进士。累官知谏院、翰林学士、
权御史中丞，复为翰林兼侍读学士。极力反对王安石所行新法，
以"祖宗之法不可变"为由，数与王安石、吕惠卿等辩论，因出知
永兴军。宋神宗熙宁四年（1071），判西京御史台，退居洛阳十五
年，专修史书，绝口不论时事。宋哲宗即位，太皇太后高氏临朝，
起为门下侍郎，拜左仆射，主持朝政。起用刘挚、范纯仁、范祖禹、
吕大防等，悉除新法，恢复旧制。在相位八月卒，赠太师、温国公，
谥文正。主编《资治通鉴》，为著名史书。生平见苏轼《司马温公
行状》。《宋史》有传。万家生佛，千家万户的活佛。常用来比喻
有恩德的官吏。宋·戴翼《贺陈待制启》："福星一路之歌谣，生
佛万家之香火。"后世每以"一路福星""万家生佛"为对。

⑤鸾（luán）凤不栖枳棘（zhǐ jí），羡仇香之为主簿：语本《后汉书·循
吏传·仇览》："时考城令河内王涣，政尚严猛，闻览以德化人，署

为主簿。谓览曰:'主簿闻陈元之过,不罪而化之,得无少鹰鹯之志邪?'览曰:'以为鹰鹯,不若鸾凤。'涣谢遣曰:'枳棘非鸾凤所栖,百里岂大贤之路? 今日太学曳长裾,飞名誉,皆主簿后耳。以一月奉为资,勉卒景行。'"东汉仇览胸怀大志,曾在考城令王涣署中做主簿,王涣治民严厉,认为他"少鹰鹯之志",他则主张以德化人宽厚治民,认为做鹰鹯,不若鸾凤。王涣勉励他说:"荆棘丛可不是鸾凤栖身之地啊,你这样的贤人在小县做主簿太屈才了。"并将自己一个月的俸禄送给他做盘缠,送他到太学读书。鸾凤,鸾鸟与凤凰。用来比喻贤俊之士。鸾,传说中凤凰一类的神鸟。枳棘,枳木与棘木。因为多刺而被称为恶木。常用来比喻艰难险恶的环境。《后汉书·黄琼传》:"光武以圣武天挺,继统兴业,创基冰泮之上,立足枳棘之林。"仇(qiú)香,仇览,一名香,字季智,东汉陈留考城(今河南民权)人。年四十为蒲亭长,劝农劝学,政绩显著。蒲亭人陈元的母亲控告陈元不孝,仇览亲自登门教诲,陈元终为孝子。蒲亭百姓为之歌唱:"父母何在在我庭,化我鸤枭哺所生。"考城县令听闻仇览以德化人的事迹,聘他到署中做主簿。主簿,古代官名。汉代中央及郡县官署多置之。其职责为主管文书,办理事务。至魏晋时渐为将帅重臣的主要僚属,参与机要,总领府事。此后各中央官署及州县虽仍置主簿,但任职渐轻。

⑥河阳遍种桃花,乃潘岳之为县官:语本唐·白居易《白氏六帖》卷二十一:"潘岳为河阳令,种桃李花,人号曰:河阳一县花。"潘岳在担任河阳县令时,在全县境内遍植桃李,使得河阳当时有"花县"之称。又,北周·庾信《枯树赋》:"若非金谷满园树,即是河阳一县花。"河阳,古县名。在今河南孟州西。因地在黄河北岸而得名。山之南,水之北,谓之"阳"。潘岳(247—300),字安仁,西晋荥阳中牟(今河南中牟)人。少年时代即被世人誉为奇童。早辟司空太尉府。举秀才。出为河阳令,转怀县令。杨骏辅

政时,引为太傅主簿。杨骏被诛后,除名。后累迁为给事黄门侍郎。性轻躁趋利,谄事贾谧,为"二十四友"之首。赵王司马伦执政,潘岳与赵王伦的亲信孙秀有宿怨,孙秀诬以谋反诛之。潘岳善诗赋,是西晋文坛代表作家。与陆机齐名,有"潘江陆海"之称。今存《潘黄门集》辑本。

⑦刘昆宰江陵,昔日反风灭火:语本《后汉书·儒林传·刘昆》:"诏问昆曰:'前在江陵,反风灭火,后守弘农,虎北渡河,行何德政而致是事?'昆对曰:'偶然耳。'左右皆笑其质讷。帝叹曰:'此乃长者之言也。'"刘昆(? —57),字桓公,两汉之际陈留东昏(今河南兰考)人。汉宗室,梁孝王之后。平帝时,受《施氏易》于沛人戴宾。王莽时,教授弟子五百余人。汉光武帝建武五年(29),举孝廉,不行,教授于江陵。帝闻之,除为江陵令,迁弘农太守,累擢为光禄勋。光武帝询以在任时叩头求雨救火灾、虎负子渡河等异事,对以偶然耳。以老乞休,以千石禄终其身。宰江陵,任江陵县令。江陵,古县名。汉代为南郡下属县。地当今湖北荆州。反风灭火,东汉刘昆任江陵令时,有一次城中发生火灾,他向着熊熊燃烧的大火磕头,风势立即停止,大火因而平息。后用以比喻官员施行德政。

⑧龚遂守渤海,令民卖刀买牛:语本《汉书·循吏传·龚遂》:"(龚)遂见齐俗奢侈,好末技,不田作,乃躬率以俭约,劝民务农桑。……民有带持刀剑者,使卖剑买牛,卖刀买犊,曰:'何为带牛佩犊!'春夏不得不趋田亩,秋冬课收敛,益蓄果实菱芡。劳来循行,郡中皆有蓄积,吏民皆富实。狱讼止息。"龚遂(? —前62),字少卿,西汉山阳南平阳(今山东邹城)人。以明经仕昌邑王刘贺郎中令,勇于谏诤。昌邑王废,髡为城旦。汉宣帝时,为渤海太守。时值饥荒,遂单车至郡,招抚起事农民,开仓济贫,劝民农桑,令民卖剑买牛,卖刀买犊,境内大治。后拜为水衡都尉。渤海,汉代郡名。地当今河北沧州、山东德州、天津东南部一带。卖刀买牛,指

卖掉武器，从事农业生产。东汉龚遂担任渤海知州时，得知当地民风彪悍，不喜欢种田，便要求大家卖掉武器买来耕牛，从事农业生产，百姓很快富足起来。后用以比喻官员勤政爱民，重本务农。

⑨德政：旧指有仁德的政治措施或政绩。《左传·隐公十一年》："既无德政，又无威刑。"

⑩令名：美好的声誉。《左传·襄公二十四年》："侨闻君子长国家者，非无贿之患，而无令名之难。"攸（yōu）著：显著，著名。攸，词头，放在动词前，无实义，相当于"所"。

【译文】

鲁恭担任中牟令，因为宽待万物，连野鸡也驯服地飞过来和他一同在桑树下歇息，令同行的上级官员连声称奇；郭伋担任并州太守，因为仁慈守信，地方上的儿童都骑着竹马欢迎他，并热切期待他再次到来。

鲜于子骏，是到处带来好运的"一路福星"；司马温公，是深受百姓爱戴的"万家生佛"。

鸾凤前程远大，不会在枳棘之中久留，这是仇香出任考城主簿时，县令对他的鼓励和赞美，真令人羡慕；河阳县到处种植桃花，这是潘岳担任县官时的成果。

刘昆任江陵县令，先前向着熊熊大火磕头，风势立即停止，大火因而平息；龚遂任渤海太守，要求当地人卖掉武器买来耕牛，从事农业生产，百姓很快富足起来。

以上事迹都是值得歌颂的贤人仁政，所以在历史上美名远扬。

武职

【题解】

本篇23联，讲的都是和武将有关的成语典故。一部分内容，讲武官制度，反映的是明代军事建制；一部分内容，介绍项羽、韩信等历史名将。

　　韩、柳、欧、苏①,固文人之最著②;起、翦、颇、牧,乃武将之多奇③。

　　范仲淹,胸中具数万甲兵④;楚项羽,江东有八千子弟⑤。

　　孙膑、吴起⑥,将略堪夸⑦;穰苴、尉缭⑧,兵机莫测⑨。

　　姜太公有《六韬》⑩,黄石公有《三略》⑪。

　　韩信将兵,多多益善⑫;毛遂讥众,碌碌无奇⑬。

【注释】

①韩、柳、欧、苏:分指韩愈、柳宗元、欧阳修、苏轼,他们是唐宋最著
　名的文人。韩愈(768—824),字退之,唐河阳(今河南孟州西)
　人。郡望昌黎,后人因称"韩昌黎"。晚任吏部侍郎,谥文,后人
　又称"韩吏部""韩文公"。唐德宗贞元八年(792)登进士第,三
　上吏部试无成,乃任节度推官,其后任监察御史等职。贞元十九
　年(803),因言关中旱灾,触权臣怒,贬阳山令。贞元二十一年
　(805)正月,唐顺宗即位,王伾、王叔文执政,韩愈持反对态度。
　秋,唐宪宗即位,量移江陵府法曹参军。唐宪宗元和元年(806),
　召拜国子博士。元和十二年(817)从裴度讨淮西吴元济有功,升
　任刑部侍郎。元和十四年(819),上表谏宪宗迎佛骨,贬潮州刺
　史。次年唐穆宗即位,召拜国子祭酒。唐穆宗长庆二年(822),
　以赴镇州宣慰王廷凑军有功,转任吏部侍郎、京兆尹等职。长庆
　四年(824)十二月卒于长安。其生平详见唐·皇甫湜《昌黎韩
　先生墓志铭》、唐·李翱《韩公行状》及两《唐书》本传。韩愈乃
　唐代著名思想家及作家,一生以恢宏儒道、排斥佛老为己任,与
　柳宗元共倡古文,被后世尊为唐宋古文八大家之首。宋代苏轼
　称其"文起八代之衰,而道济天下之溺"(《潮州韩文公庙碑》)。
　柳宗元(773—819),字子厚,唐河东解县(今山西运城)人。世

称"柳河东"。唐德宗贞元九年（793）进士。参加王叔文革新集团，任礼部员外郎。革新失败后，贬永州司马。后迁柳州刺史。与韩愈同为古文运动倡导者，并称"韩柳"。为"唐宋八大家"之一。有《河东先生集》。欧阳修（1007—1072），字永叔，号醉翁、六一居士，谥号"文忠"，宋吉州庐陵（今江西吉安）人。官至翰林学士、枢密副使、兵部尚书、参知政事，世称"欧阳文忠公"。苏轼（1037—1101），字子瞻，一字和仲，自号东坡居士，宋眉州眉山（今四川眉山）人。与父苏洵、弟苏辙，合称"三苏"。宋仁宗嘉祐二年（1057）进士。嘉祐六年（1061），苏轼应仁宗直言极谏策问，入三等，授大理寺评事签书凤翔府节度判官厅公事。后又再中制科，召试得直史馆，摄开封府推官。宋神宗熙宁中上书论王安石新法之不便，出为杭州通判。徙知密、徐、湖三州。元丰中，因诗托讽，逮赴台狱，后以黄州团练副使安置。宋哲宗即位，起知登州，累官中书舍人、翰林学士兼侍读。以龙图阁学士知杭州。元祐六年（1091），召为翰林承旨，寻因谗出知颍州，徙扬州。后以端明殿、翰林侍读两学士出知定州，后贬惠州。绍圣中累贬琼州别驾，居昌化。宋徽宗立，元符三年（1100）赦还，提举玉局观，复朝奉郎。寻病逝于常州。谥文忠。著有《东坡七集》《东坡志林》《东坡乐府》《仇池笔记》《论语说》等。

②固：固然，当然，本来。最著：最著名的。

③起、翦（jiǎn）、颇、牧，乃武将之多奇：语本《千字文》："起翦颇牧，用军最精。"起、翦、颇、牧，分指白起、王翦、廉颇、李牧。他们是战国时期最著名的将军，并称"战国四将"。白起（？—前257），一称"公孙起"，战国时秦国郿（今陕西郿县）人。善用兵。秦昭王十三年（前294），为左庶长，率兵击韩。次年，为左更，大败韩、魏于伊阙，升国尉。秦昭王十五年（前292）为大良造。屡战获胜，夺得韩、魏、赵、楚凡七十余城。秦昭王二十九年（前278）攻

克楚都郢，因功封武安君。秦昭王四十七年（前260），在长平之战大胜赵军，竟坑杀赵降卒四十多万。为相国范雎所忌。秦昭王五十年（前257），秦围邯郸失利，白起本不赞成此役，因称病不起。被免为士伍，旋被逼自杀。王翦（？—前208），战国时秦国频阳东乡（今陕西富平）人。秦王政时先后破赵，攻燕，定赵、燕、蓟诸地。后奉命率军六十万击楚，杀楚将项燕，虏楚王负刍，灭楚。以功封武成侯。王翦儿子王贲同为秦始皇兼灭六国的大功臣。山东六国中除韩之外的五国均为王翦父子所灭。廉颇（前327？—前243？），战国时赵国人。赵惠文王时为将，后升上卿。屡次战胜齐、魏等国，略取齐之几，魏之防陵、安阳等地。长平之战，坚壁固守，使秦出师三年，劳而无功。后因赵中秦反间计，改用赵括为将，致遭大败。赵孝成王十五年（前251），燕发大军攻赵，颇率军反击，杀燕将栗腹，进围燕都，燕割五城求和。因功封于尉文，为信平君，任假相国。赵悼襄王时，使乐乘代之。奔魏居大梁，后老死于楚。李牧（？—前228），战国后期赵国名将。长期在代郡、雁门抗击匈奴。日享士卒，得军心。习骑射，出奇兵，大破匈奴。赵王迁二年（前234），秦大举攻赵。次年，牧大破秦军于肥，以功封武安君。秦使赵王嬖臣郭开诬牧欲反，被斩。秦遂灭赵。**多奇**，多有奇异之处，指（才华）超群出众。战国楚·宋玉《神女赋》："近之既妖，远之有望。骨法多奇，应君之相。视之盈目，孰者克尚。"晋·陆机《辩亡论》上："宾礼名贤，而张昭为之雄；交御豪俊，而周瑜为之杰。彼二君子，皆弘敏而多奇，雅达而聪哲。"

④**范仲淹，胸中具数万甲兵**：语本宋·朱熹《宋名臣言行录》前集卷七引《名臣传》："仲淹领延安，阅兵选将，日夕训练，又请戒诸路，养兵畜锐，毋得轻动。夏人闻之，相戒曰：'无以延州为意，今小范老子腹中自有数万甲兵，不比大范老子可欺也！'戎人呼知州为'老子'。大范，谓雍也。"宋仁宗康定元年（1040），范仲淹任陕

西经略安抚副使、兼知延州，用兵有方，西夏人佩服他的谋略，不敢侵犯延州，说他胸中有数万甲兵，不好对付。此事在宋代流传甚广，广见于宋代文献。陈均《九朝编年备要》卷十一、吕中《宋大事记讲义》卷十二、孔平仲《孔氏谈苑》卷三、叶釐《爱日斋丛抄》卷二、潘自牧《记纂渊海》卷六十五、林骃《古今源流至论》后集卷七皆载。《记纂渊海》据朱熹书，《古今源流至论》亦注明据《名臣传》。范仲淹（989—1052），字希文，祖籍邠州（治今陕西彬州），移居吴县（今江苏苏州）。幼孤，母改嫁长山朱姓，遂名朱说，入仕后始还姓更名。宋真宗大中祥符八年（1015）进士。历秘阁校理、右司谏、权知开封府。宋仁宗景祐三年（1036），上《百官图》，论用人是非，忤吕夷简，出知饶、润、越三州。康定元年（1040），任陕西经略安抚副使、兼知延州，改环庆路经略安抚、缘边招讨使，守边数年，负防御西夏重任。庆历三年（1043），入为枢密副使，进参知政事。上十事疏，推行新政，为夏竦等中伤，罢政，出知邠州兼陕西四路安抚使。官终户部侍郎、知青州。卒谥文正。工诗文及词。晚年所作《岳阳楼记》，有"先天下之忧而忧，后天下之乐而乐"之语，为世所传诵。有《范文正公集》。胸中具数万甲兵，比喻胸有谋略，长于用兵。

⑤楚项羽，江东有八千子弟：语本《史记·项羽本纪》："且籍与江东子弟八千人渡江而西，今无一人还，纵江东父兄怜而王我，我何面目见之！"项羽兵败垓下，乌江亭长划船欲渡他过江，他说自己带领江东子弟八千人渡江出征，现在没有一个人跟着回来，无颜见江东父老。项羽（前232—前202），名籍，字羽，下相（今江苏宿迁）人。楚国贵族出身。秦二世元年（前209），从叔父项梁在吴中（今江苏苏州）起义。项梁战死后，他杀宋义，率军渡河救赵，钜鹿一战摧毁章邯的秦军主力。秦亡后称"西楚霸王"。后与刘邦争帝，进行了长达四年的楚汉战争，公元前202年兵败，在乌江

浦自杀。江东,因长江在安徽境内向东北方向斜流,而以此段江为标准确定东西和左右。所指区域有大小之分,广义上的江东,包括今皖南、皖东、苏南、浙江以及今江西赣东北(东部)。子弟,这里指从军者,兵丁。《史记·淮阴侯列传》:"且三秦王为秦将,将秦子弟数岁矣,所杀亡不可胜计,又欺其众降诸侯。"

⑥孙膑(bìn):生卒年不详,名亦失传,战国时齐国阿(今山东阳谷)人。曾与庞涓同学兵法。庞涓为魏将,妒忌孙膑才能出于己,乃阴召孙膑至魏,假他事处以膑刑(剔去膝盖骨之刑),故称"孙膑"。后为齐使秘载归齐,齐威王以为师。协助田忌,在桂陵、马陵大破魏军,杀庞涓,以此名显天下。所著《孙膑兵法》,《汉书·艺文志》称为《齐孙子》,久失传。1972年山东临沂银雀山汉墓出土竹简中,有其书。吴起(?—前381):战国时卫国左氏(今山东定陶)人。善用兵。初仕鲁,后入魏为将,屡建战功,任为西河守,以拒秦、韩。魏文侯死,遭大臣陷害,逃奔楚。楚悼王素慕起才,至即任为相。相楚期间,明法审令,裁减冗官,废公族疏远者,以抚养战斗之士,要在强兵。于是南平百越,北并陈、蔡,却三晋,西伐秦,国势日强。楚悼王死,为宗室大臣杀害。兵法与孙武、孙膑齐名,有《吴起》,已佚。今本《吴子》为后人所编。

⑦将略:用兵的谋略。《三国志·蜀书·诸葛亮传》:"然亮才,于治戎为长,奇谋为短,理民之干,优于将略。"

⑧穰苴(ráng jū):即司马穰苴,本姓田,春秋时齐国人。大夫,齐景公时晋、燕侵齐,晏婴荐为将,却晋、燕之师,尽复失地。公郊迎劳师,尊为大司马,故称"司马穰苴"。后受谗被黜退,病死。战国齐威王仿效其行兵之法而威行诸侯。使大夫追论古者司马兵法,附穰苴于其中,因称《司马穰苴兵法》。尉缭(yù liáo):战国末期魏国大梁(今河南开封)人。曾到秦国游说,被任命为国尉,因此被称为"尉缭"。《史记·秦始皇本纪》:"大梁人尉缭来,说

秦王曰：'以秦之强，诸侯譬如郡县之君，臣但恐诸侯合从，翕而出不意，此乃智伯、夫差、湣王之所以亡也。愿大王毋爱财物，赂其豪臣，以乱其谋，不过亡三十万金，则诸侯可尽。'秦王从其计，见尉缭亢礼，衣服食饮与缭同。缭曰：'秦王为人，蜂准，长目，挚鸟膺，豺声，少恩而虎狼心，居约易出人下，得志亦轻食人。我布衣，然见我常身自下我。诚使秦王得志于天下，天下皆为虏矣。不可与久游。'乃亡去。秦王觉，固止，以为秦国尉，卒用其计策。"但传世本《尉缭子》开篇即有"梁惠王问尉缭子曰"，则尉缭子为魏惠王时人。魏惠王生于前400年，卒于前319年；秦始皇生于前259年，卒于前210年。秦始皇与魏惠王相去百余年。《史记·秦始皇本纪》所记之尉缭，与传世本《尉缭子》之尉缭子，恐非一人。

⑨兵机：用兵的机谋，军事机要。《吴子·图国》："吴起儒服以兵机见魏文侯。"莫测：神妙的计谋，使人难以预料。

⑩姜太公：太公望吕尚的别名。东汉·徐幹《中论·审大臣》："又有不因众誉而获大贤，其文王乎！畋于渭水边，道遇姜太公，皤然皓首，方秉竿而钓。"吕尚，或作"姜尚"，姜姓，吕氏，名尚，俗传字子牙。家贫，钓于渭滨，周文王遇之，与语，大悦曰："吾太公望子久矣。"故称"太公望"，俗称"姜太公"。周武王时尊为"师尚父"。灭商有大功，封于齐，都营丘，为齐之始祖。留周为太师。有征伐五侯九伯之权。先秦时期，关于吕尚的传说就非常多。《史记·姜太公世家》："太公望吕尚者，东海上人。其先祖尝为四岳，佐禹平水土甚有功。虞夏之际封与吕，或封于申，姓姜氏。夏商之时，申、吕或封枝庶子孙，或为庶人，尚其后苗裔也。本姓姜氏，从其封姓，故曰'吕尚'。吕尚盖尝穷困，年老矣，以渔钓奸周西伯。西伯将出猎，卜之，曰'所获非龙非彲，非虎非罴；所获霸王之辅'。于是周西伯猎，果遇太公于渭之阳，与语大说，曰：'自吾先君太公曰"当有圣人适周，周以兴"。子真是邪？吾太公望子久

矣。'故号之曰'太公望',载与俱归,立为师。或曰,太公博闻,尝事纣。纣无道,去之。游说诸侯,无所遇,而卒西归周西伯。或曰,吕尚处士,隐海滨。周西伯拘羑里,散宜生、闳夭素知而招吕尚。吕尚亦曰'吾闻西伯贤,又善养老,盍往焉'。三人者为西伯求美女奇物,献之于纣,以赎西伯。西伯得以出,反国。言吕尚所以事周虽异,然要之为文武师。"《六韬(tāo)》:又称为《六弢(tāo)》,古代兵书名。相传为姜太公所撰。分文韬、武韬、龙韬、虎韬、豹韬、犬韬六卷。《庄子·徐无鬼》:"吾所以说吾君者,横说之则以《诗》《书》《礼》《乐》,从说之则以《金板》《六弢》。"唐·成玄英疏:"《金版》《六弢》,《周书》篇名也,或言秘谶也。本有作'韬'字者,随字读之,云是太公兵法,谓文、武、虎、豹、龙、犬六弢也。"

⑪黄石公:亦称"圯(yí)上老人"。秦末隐士,失其姓名。相传张良于博浪沙(在今河南原阳东关)刺秦始皇失败后,逃亡至下邳(今江苏睢宁),在圯上(按,即桥上)遇见一老父。老父授张良以《太公兵法》,并言称十三年后,到济北穀城山下,见到一块黄石,那就是他。十三年后,张良从刘邦过济北,果在穀城山下得黄石。良死,遂与黄石并葬。事见《史记·留侯世家》。后因称圯上授张良《太公兵法》的老父为"黄石公"。《三略》:古兵书名。相传为秦汉之际黄石公所作,传于张良。全书分《上略》《中略》《下略》。《隋书·经籍志》有《黄石公三略》三卷,已佚。今存者为后人依托成篇,收入《武经七书》中。

⑫韩信将兵,多多益善:语本《史记·淮阴侯列传》:"上常从容与信言诸将能不,各有差。上问曰:'如我能将几何?'信曰:'陛下不过能将十万。'上曰:'于君何如?'曰:'臣多多而益善耳。'上笑曰:'多多益善,何为为我擒?'信曰:'陛下不能将兵,而善将将,此乃信之所以为陛下禽也。且陛下所谓天授,非人力也。'"韩信(?—前196),西汉淮阴(今江苏淮安)人。韩信早年家贫,常从

人寄食,曾受胯下之辱。秦末参加项羽部队,因不受重用,改投刘邦,被拜为大将军。楚汉战争中,刘邦采纳他的建议,攻占关中。刘邦、项羽在荥阳相持时,他率军袭击项羽侧翼,占据黄河下游地区。后被刘邦封为齐王。前202年于垓下(今安徽灵璧南)击灭项羽。楚汉战争结束后,被解除兵权,又被诬谋反,降为淮阴侯。后被吕后设计诱杀。将兵,带兵。将,带,率领。多多益善,越多越好。汉高祖刘邦问韩信能统领多少士兵,韩信回答说"多多益善",也就是说越多越好,说明韩信富有军事指挥才能。

⑬毛遂讥众,碌碌无奇:语本《史记·平原君列传》:"毛遂左手持盘血而右手招十九人曰:'公相与歃此血于堂下。公等录录(通'碌碌'),所谓因人成事者也。'"毛遂,战国时赵国人。平原君门下食客。赵孝成王九年(前257),秦围赵都邯郸,王使平原君求救于楚。于门客中选文武具备之二十人为从。得十九人,毛遂乃自荐同往。平原君与楚议而不决。毛遂按剑而上,陈说救赵击秦之利害,楚乃定约,发兵救赵。平原君谓其三寸之舌,强于百万之师,以之为上客。碌碌无奇,平庸,平凡,无特殊才能。战国时期,赵国平原君要向楚王求救兵,想带二十名门客,只得十九名,毛遂自荐参加,在与楚王谈判陷于僵局时,毛遂按剑上前,迫使楚王立誓与赵国联合抗秦。事后毛遂讥笑同行者庸庸碌碌,靠别人才办成大事。

【译文】

韩愈、柳宗元、欧阳修、苏轼,是文人中最著名的;白起、王翦、廉颇、李牧,是武将中最特出的。

北宋名臣范仲淹具大将风范,胸中如同藏有数万名士卒;西楚霸王项羽威震天下,身后追随江东八千子弟兵。

孙膑、吴起的指挥才能,值得夸赞;司马穰苴、尉缭子的用兵策略,高深莫测。

姜太公编写兵书《六韬》,分为文韬、武韬、龙韬等六卷;黄石公著有兵书《三略》,分为上略、中略、下略三部。

韩信带兵能力极强,堪称"多多益善";毛遂独自说服楚王,讥笑同事"碌碌无奇"。

大将,曰干城①;武士,曰武弁②。

都督③,称为大镇国④;总兵⑤,称为大总戎⑥。

都阃⑦,即是都司⑧;参戎⑨,即是参将⑩。

千户有户侯之仰⑪,百户有百宰之称⑫。

以车为户,曰辕门⑬;显揭战功,为露布⑭。

下杀上,谓之弑⑮;上伐下,谓之征⑯。

【注释】

①干(gàn)城:比喻捍卫或捍卫者。《诗经·周南·兔罝》:"赳赳武夫,公侯干城。"东汉·郑玄笺:"干也,城也,皆以御难也。此置兔之人,贤者也,有武力,可任为将帅之德,诸侯可任以国守,扞城其民,折冲御难于未然。"

②武弁(biàn):原意为武冠也即军人戴的帽子,这里指武官。弁,帽子,头巾。《明史·熹宗纪》:"国家文武并用,顷承平日久,视武弁不啻奴隶,致令豪杰解体。"

③都督:此指明朝的五府都督,与三国都督不同。明改元代枢密院为大都督府,后又分其权,设中军、左军、右军、前军、后军五都督府。《明史·职官志一》:"分大都督府为五,而征调隶于兵部。……初,领五都督府者,皆元勋宿将,军制肃然。"《职官志五》:"中军、左军、右军、前军、后军五都督府,每府左右都督(正一品)、都督同知(从一品)、都督佥事(正二品,恩功寄禄,无定

员）。其属，经历司，经历（从五品），都事（从七品）各一人。都督府掌军旅之事，各领其都司、卫所，以达于兵部。"

④大镇国：明代对五府左右都督的雅称。镇国将军为明代武官散阶衔，从二品。

⑤总兵：武官名。明代遣将出征，别设总兵官、副总兵官以统领军务。其后总兵官镇守一方，渐成常驻武官，简称"总兵"。清因之，于各省置提督，提督下分设总兵官及副总兵官。总兵所辖者为镇，故亦称"总镇"。清·黄宗羲《明夷待访录·兵制二》："有明虽失其制，总兵皆用武人，然必听节制于督抚或经略。则是督抚、经略，将也；总兵，偏裨也。"

⑥总戎：统帅。也用作某种武职的别称。如唐人称节度使为"总戎"，明清称总兵为"总戎"。

⑦都阃（kǔn）：指统兵在外的将帅。阃，本义是门槛，可引申为城门、郭门，故阃外即城门、郭门之外，引申为京城或朝廷以外，亦指外任将吏驻守管辖的地域，与朝中、朝廷相对。清·方还《旧边诗·大同》："绕镇卫城分十五，沿边都阃辖西东。"

⑧都司："都指挥使司"的简称，是明代掌管一方军政的官署，与承宣布政使司（简称"布政司"）、提刑按察使司（简称"按察司"）并称"三司"。《明史·职官志五》："都司，掌一方之军政，各率其卫所以隶于五府，而听于兵部。……明初，置各行省行都督府，设官如都督府。又置各都卫指挥使司。洪武四年，置各都卫断事司，以理军官、军人词讼。又以都卫节制方面，职系甚重，从朝廷选择升调，不许世袭。七年，置西安行都卫指挥使司于河州。八年十月，诏各都卫并改为都指挥使司，凡改设都司十有三，（燕山都卫为北平都司，西安都卫为陕西都司，太原都卫为山西都司，杭州都卫为浙江都司，江西都卫为江西都司，青州都卫为山东都司，成都都卫为四川都司，福州都卫为福建都司，武昌都卫为湖广都

司,广东都卫为广东都司,广西都卫为广西都司,定辽都卫为辽东都司,河南都卫为河南都司。)行都司三,(西安行都卫为陕西行都司,大同都卫为山西行都司,建宁都卫为福建行都司。)十五年,增置贵州、云南二都司。后以北平都司为北平行都司。永乐元年改为大宁都司。宣德中,增置万全都司。计天下都司凡十有六。(十三省都司外,有辽东、大宁、万全三都司。)又于建昌置四川行都司,于郧阳置湖广行都司。计天下行都司凡五。"

⑨参戎:明清时期的武官参将,俗称"参戎"。

⑩参将:武官名。明置,位次于总兵、副总兵。《明史·职官志五》:"总兵官、副总兵、参将、游击将军、守备、把总,无品级,无定员。总镇一方者为镇守,独镇一路者为分守,各守一城一堡者为守备,与主将同守一城者为协守。又有提督、提调、巡视、备御、领班、备倭等名。"清因之,位次于副将。凡参将之为提督及巡抚统理营务的,称"提标中军参将""抚标中军参将"。清朝绿营军阶,由高至低分别为提督、总兵、副将、参将、游击、都司、守备、千总及百总。

⑪千户:武官名。明代千户统领千人。又,千户所为明代军事建制。《明史·兵志二》:"革诸将袭元旧制枢密、平章、元帅、总管、万户诸官号,而核其所部兵五千人为指挥,千人为千户,百人为百户,五十人为总旗,十人为小旗。天下既定,度要害地,系一郡者设所,连郡者设卫。大率五千六百人为卫,千一百二十人为千户所,百十有二人为百户所。所设总旗二,小旗十,大小联比以成军。"户侯:明代尊称千户为"大户侯"。此"户侯",与历史上作为爵位的千户侯不同。仰:景仰、尊敬。此指敬称。

⑫百户:武官名。元设百户为"百夫之长",隶属于千户,为世袭军职。《元典章·兵部·整治军兵》:"万户、千户、百户不肯奉公优恤军人,专务克取益己。"明代百户统领百人。清代把总,亦称

"百户"。百宰：明代"百户"、清代"把总"别称。清·王用臣《幼学歌》卷四《各衙门官职称名·武官》："'把总'亦曰'百宰'。"

⑬以车为户,曰辕（yuán）门：语本《周礼·天官·掌舍》："设车宫、辕门。"东汉·郑玄注："谓王行止宿阻险之处,备非常。次车以为藩,则仰车以其辕表门。"暨《史记·项羽本纪》："已破秦军,项羽召见诸侯将入辕门,无不膝行而前,莫敢仰视。"南朝宋·裴骃集解引三国魏·张晏："军行以车为阵,辕相向为门,故曰'辕门'。"以车为户,将两车的车辕相对,作为出征君王或将帅营帐的大门。户,门。辕门,古代帝王巡狩、田猎的止宿处,以车为藩;出入之处,仰起两车,车辕相向以表示门,称"辕门"。将帅出征,亦然。故"辕门"亦指领兵将帅的营门。《六韬·分合》："大将设营而陈,立表辕门。"辕,车前驾牲畜的两根直木。

⑭显揭战功,为露布：语本唐·封演《封氏闻见记·露布》："露布,捷书之别名也。诸军破贼,则以帛书建诸竿上,兵部谓之'露布'。"显揭,昭示公布。露布,告捷文书。亦泛指布告、通告之类。三国魏·曹操《表论田畴功》："又使部曲持臣露布,出诱胡众。"

⑮下杀上,谓之弑（shì）：古代下级与晚辈杀死尊长叫"弑"。多指臣子杀死君主,儿女杀死父母。《周易·坤卦》："臣弑其君,子弑其父,非一朝一夕之故,其所由来者渐矣。"《左传·宣公十八年》："凡自内虐其君曰'弑',自外曰'戕'。"《释名·释丧制》："下杀上曰'弑'。弑,伺也,伺间而后得施也。"

⑯上伐下,谓之征：语本《孟子·尽心下》："《春秋》无义战。彼善于此,则有之矣。征者,上伐下也,敌国不相征也。"上伐下,指天子讨伐诸侯。征,征讨,征伐。古时多代指发动正义战争。

【译文】

大将,叫作"干城";武士,又称"武弁"。

都督,称为"大镇国";总兵,称为"大总戎"。

“都阃”，指的就是都司；“参戎”，指的就是参将。

千户头目即千夫长，被尊称为“户侯”；百户头目即百夫长，被尊称为“百宰”。

将帅行军，仰起两车，车辕相向，作为营门，叫作“辕门”；军中报捷，将战绩写在旗帜上，用杆子高高挑起，称为“露布”。

下杀上，叫作“弑”；上伐下，称为“征”。

交锋①，为对垒②；求和③，曰求成④。

战胜而回，谓之凯旋⑤；战败而走⑥，谓之奔北⑦。

为君泄恨，曰敌忾⑧；为国救难，曰勤王⑨。

胆破心寒，比敌人慑服之状⑩；风声鹤唳⑪，惊士卒败北之魂。

汉冯异当论功，独立大树下，不夸己绩⑫；汉文帝尝劳军，亲幸细柳营，按辔徐行⑬。

苻坚自夸将广，投鞭可以断流⑭；毛遂自荐才奇，处囊便当脱颖⑮。

【注释】

①交锋：锋刃相接。谓双方交战。《东观汉记·光武帝纪》：“交锋之日，神星昼见，太白清明。”

②对垒（lěi）：两军相持，交战。《晋书·宣帝纪》：“（诸葛亮）数挑战，帝不出。……与之对垒百余日。”垒，指军壁，防护军营的墙壁或建筑物。

③求和：战败或处境不利的一方，向对方请求停止作战，恢复和平。《战国策·赵策三》：“故不若亟割地求和，以疑天下，慰秦心。”唐·刘𫗧《隋唐嘉话》卷上：“靖请倾府库，赂以求和，潜军邀其归

路。帝从其言，胡兵遂退。”

④求成：求和。《左传·隐公元年》：“惠公之季年，败宋师于黄，公立而求成焉。”《史记·越王勾践世家》：“乃令大夫种行成于吴。”唐·司马贞索隐：“成者，平也，求和于吴也。”

⑤凯旋：战争获胜，军队奏着得胜乐曲归来。亦泛指获胜归来。南朝宋·谢灵运《撰征赋》：“愿关邺之遄清，迟华銮之凯旋。”凯，凯歌，军队得胜所奏的乐曲。旋，回，还。周礼，军队获胜，在祖庙献功，所奏之乐称“恺乐”，所唱乐歌称“恺歌”。《说文解字》：“恺，乐也。从心，岂声。”恺，俗作“凯”。《周礼·春官》：“大司乐掌成均之法，以治建国之学政，而合国之子弟焉。……王师大献，则令奏恺乐。……乐师掌国学之政，以教国子小舞。……凡军大献，教恺歌，遂倡之。”东汉·郑玄注：“大献，献捷于祖。恺乐，献功之乐。郑司农说以《春秋》晋文公败楚于城濮，传曰‘振旅恺以入于晋’。”唐·贾公彦疏：“云‘大献’者，谓师克胜，献捷于祖庙也。云‘教恺歌’者，‘恺’谓‘恺诗’，师还未至之时，预教瞽矇入祖庙，遂使乐师倡道为之，故云‘遂倡之’。”

⑥走：逃跑。

⑦奔北：败北，战败逃走。《尚书·甘誓》“弗用命，戮于社”西汉·孔安国传：“不用命奔北者，则戮之于社主前。”唐·孔颖达疏：“奔北，谓背陈走也。”北，即“背”，军队败逃称“败北”，取其引申义，谓背而走也，即向行军目标相反的方向溃逃。

⑧敌忾（kài）：怀抱极大的仇恨和愤怒，共同一致地对付敌人。《左传·文公四年》：“诸侯敌王所忾，而献其功。”晋·杜预注：“敌，犹当也；忾，恨怒也。”忾，愤怒，愤恨。

⑨勤王：本义为勤于王事，尽心为天子做事。《左传·僖公二十五年》：“秦伯师于河上，将纳王。狐偃言于晋侯曰：‘求诸侯，莫如勤王。诸侯信之，且大义也。继文之业而信宣于诸侯，今为可

矣。'"后多指君主的统治受到威胁而动摇时,臣子起兵救援王朝。《后汉书·袁绍传》:"乃下诏书于绍,责以地广兵多而专自树党,不闻勤王之师。"

⑩胆破心寒,比敌人慑(shè)服之状:语本宋·朱熹《宋名臣言行录》前集卷七:"公与韩琦协谋,必欲收复灵夏横山之地。边上谣曰:'军中有一韩,西贼闻之心骨寒;军中有一范,西贼闻之惊破胆。'元昊大惧,遂称臣。"朱子所据《名臣传》一书早佚,然"边上谣"("军中有一韩,西贼闻之心骨寒;军中有一范,西贼闻之惊破胆。")广为流传,宋代文献,徐自明《宋宰辅编年录》卷五、吕中《宋大事记讲义》卷十二、王偁《东都事略》卷五十九上、赵善璙《自警编》卷六、曾慥《类说》卷二、林駉《古今源流至论》卷三、阙名《翰苑新书》卷四十四、谢维新《古今合璧事类备要》后集卷十、章定《名贤氏族言行类稿》卷四十一、潘自牧《记纂渊海》卷六十五、阙名《锦绣万花谷》续集卷三十三、孔平仲《谈苑》卷三等皆引之。胆破心寒,形容由于恐惧而屈服的样子。胆破,胆裂,形容极其惊惧。东汉·陈琳《为袁绍与公孙瓒文》:"及龙河之师,羸兵前诱,大军未济,而足下胆破众散,不鼓而败,兵众扰乱,君臣并奔。"《南史·王融传》:"及融诛,召准入舍人省诘问,遂惧而死,举体皆青,时人以准胆破。"慑服,因恐惧而屈服。《史记·范睢蔡泽列传》:"楚、赵皆慑伏不敢攻秦者,白起之势也。"

⑪风声鹤唳(lì):语出《晋书·谢玄传》:"坚众奔溃,自相蹈藉投水死者不可胜计,肥水为之不流。余众弃甲宵遁,闻风声鹤唳,皆以为王师已至,草行露宿,重以饥冻,死者十七八。"东晋时,秦主符坚率众南侵,号称百万,列阵淝水,谢玄等率精兵八千渡水击之。秦兵大败,坚众奔溃,自相蹈藉,投水死者不可胜计,淝水为之不流。余众弃甲宵遁,闻风声鹤唳,皆以为追兵已至。后因以"风声鹤唳"形容极端惊慌疑惧或自相惊扰。败北,战败逃跑。《史

记·项羽本纪》:"吾起兵至今八岁矣,身七十余战……未尝败北,遂霸有天下。"

⑫"汉冯异当论功"三句:语本《后汉书·冯异传》:"异为人谦退不伐,行与诸将相逢,辄引车避道。进止皆有表识,军中号为整齐。每所止舍,诸将并坐论功,异常独屏树下,军中号曰'大树将军'。及破邯郸,乃更部分诸将,各有配隶。军士皆言愿属大树将军,光武以此多之。"冯异(?—34),字公孙,东汉颍川父城(今河南宝丰)人。好读书,通《左氏春秋》《孙子兵法》。新莽末以郡掾监五县,为王莽拒刘秀。后归刘秀,为主簿,从破王郎,平河北。为人谦退不伐,每所止舍,诸将并坐论功,异退处树下,军中号"大树将军"。刘秀即帝位,封阳夏侯。任征西大将军,击败赤眉军于崤底。后攻公孙述、隗嚣,卒于军,谥节。

⑬"汉文帝尝劳军"三句:语本《史记·绛侯周勃世家》:"上自劳军。……已而之细柳军。……天子先驱至,不得入。先驱曰:'天子且至!'军门都尉曰:'将军令曰军中闻将军令,不闻天子之诏。'居无何,上至,又不得入。于是上乃使使持节诏将军:'吾欲入劳军。'亚夫乃传言开壁门。壁门士吏谓从属车骑曰:'将军约,军中不得驱驰。'于是天子乃按辔徐行。至营,将军亚夫持兵揖曰:'介胄之士不拜,请以军礼见。'天子为动,改容式车。使人称谢:'皇帝敬劳将军。'成礼而去。既出军门,群臣皆惊。文帝曰:'嗟乎,此真将军矣!曩者霸上、棘门军,若儿戏耳,其将固可袭而虏也。至于亚夫,可得而犯邪!'称善者久之。月余,三军皆罢。乃拜亚夫为中尉。"汉文帝,汉朝的第三个皇帝刘恒(前202　前157),高祖之子。初封代王。吕后死,大臣诛诸吕,迎立为帝。轻徭薄赋,与民休息,提倡农耕,经济渐次恢复,社会日趋安定。汉景帝因之,史称"文景之治"。在位二十三年。劳军,慰劳军队。《史记·乐毅列传》:"燕昭王大说,亲至济上劳军,行赏

飨士。"幸，古代称帝王亲临。意思是皇帝的到来，给当地带来幸运。《史记·孝文本纪》："五月，匈奴入北地，居河南为寇。帝初幸甘泉。"细柳营，汉文帝时，周亚夫为将军，曾将军队驻扎在细柳（今陕西咸阳西南）。有一次，汉文帝前往细柳营看望将士，守营士兵因为没有得到将令而不让皇帝进门。周亚夫传令放行后，汉文帝又被要求不得在营中纵马奔驰。等到君臣相见，周亚夫仅按照军中规定用军礼拜见皇帝。汉文帝为此大发感慨，盛赞周亚夫治军有方，军令严明。后世称军营纪律严明者为细柳营。按辔（pèi）徐行，扣紧缰绳，让马慢慢地走。辔，马缰绳。

⑭符（fú）坚自夸将广，投鞭可以断流：语本《晋书·苻坚载记》："坚曰：'吾闻武王伐纣，逆岁犯星。天道幽远，未可知也。昔夫差威陵上国，而为勾践所灭。仲谋泽洽全吴，孙皓因三代之业，龙骧一呼，君臣面缚，虽有长江，其能固乎！以吾之众旅，投鞭于江，足断其流。'"前秦苻坚进攻东晋时，自称他兵多将广，把每个士兵的马鞭子都投到江里，就足以截断水流。后来"投鞭断流"被用来比喻人马众多、兵力强大。苻坚（338—385），氐族，一名文玉，字永固，略阳临渭（今甘肃天水）人。十六国时前秦国君。博学多才，有经世志。在位期间，重用王猛等人掌机要，参国事，抑制豪酋，强化王权，劝课农桑，兴修水利，提创儒学，整饬军政。先后攻灭前燕、前凉、代国，威服诸邻国，统一北方大部，并夺东晋之益州。建元十九年（383），征调步骑九十万南攻东晋，于淝水为东晋军所败。各族首领趁机叛而自立。建元二十一年（385），为后秦姚苌擒杀。在位二十七年，前秦由是瓦解。将广，指兵将众多，军力强大。

⑮毛遂（suì）自荐才奇，处囊便当脱颖（yǐng）：语本《史记·平原君虞卿列传》："秦之围邯郸，赵使平原君求救，合从于楚，约与食客门下有勇力文武备具者二十人偕。平原君曰：'使文能取胜，则善

矣。文不能取胜，则歃血于华屋之下，必得定从而还。士不外索，取于食客门下足矣。’得十九人，余无可取者，无以满二十人。门下有毛遂者，前，自赞于平原君曰：‘遂闻君将合从于楚，约与食客门下二十人偕，不外索。今少一人，愿君即以遂备员而行矣。’平原君曰：‘先生处胜之门下几年于此矣？’毛遂曰：‘三年于此矣。’平原君曰：‘夫贤士之处世也，譬若锥之处囊中，其末立见。今先生处胜之门下三年于此矣，左右未有所称诵，胜未有所闻，是先生无所有也。先生不能，先生留。’毛遂曰：‘臣乃今日请处囊中耳。使遂蚤得处囊中，乃颖脱而出，非特其末见而已。’平原君竟与毛遂偕。十九人相与目笑之而未废也。”颖，指锥子锋利的尖部。将锥子放在袋子里，锥尖就会露出来，比喻一个人若有才智，总是会显露出来。平原君，即赵胜（？—前251）。赵武灵王子，赵惠文王弟。封于东武城，号平原君。任相国。有食客数千人。赵孝成王七年（前259），秦军围困赵都邯郸，赵坚守三年。平原君向魏、楚求得信陵君、春申君之援，击败秦军，邯郸解围。

【译文】

两军交锋，又叫“对垒”；战败求和，又称“求成”。

打了胜仗回来，叫作“凯旋”；吃了败仗逃跑，称为“奔北”。

替君王发泄仇恨，叫作“敌忾”；为国君解除危难，称为“勤王”。

“胆破心寒”，形容敌人恐惧认输的丑态；“风声鹤唳”，将残兵败卒吓得魂飞天外。

汉朝冯异每当同僚攀比功劳之时，便默默走开，独自站到大树下，不去夸耀自己的战功；汉文帝慰问周亚夫的军队，曾经亲自来到细柳营，严格遵守军规，按着缰绳，让马慢慢行走。

符坚自称兵多将广，将马鞭投进长江，便足以让江水断流；毛遂自称才华出众，如同锥子置于袋中，锥尖一定会露出。

羞与哙等伍，韩信降作淮阴①；无面见江东，项羽羞归故里②。

韩信受胯下之辱③，张良有进履之谦④。

卫青为牧猪之奴⑤，樊哙为屠狗之辈⑥。

求士莫求全，毋以二卵弃干城之将；用人如用木，毋以寸朽弃连抱之材⑦。

总之：君子身，可大可小⑧；丈夫志⑨，能屈能伸⑩。

自古英雄，难以枚举⑪；欲详将略，须读武经⑫。

【注释】

①羞与哙（kuài）等伍，韩信降作淮阴：语本《史记·淮阴侯列传》："上曰：'人告公反。'遂械系信。至雒阳，赦信罪，以为淮阴侯。信知汉王畏恶其能，常称病不朝从。信由此日夜怨望，居常鞅鞅，羞与绛、灌等列。信尝过樊将军哙，哙跪拜送迎，言称臣，曰：'大王乃肯临臣！'信出门，笑曰：'生乃与哙等为伍！'"韩信受到汉高祖刘邦猜忌，从楚王贬为淮阴侯。被贬之后，韩信的爵位和绛侯周勃、颍阴侯灌婴、舞阳侯樊哙等人一样，而这些人很被韩信看不起，韩信深以为耻。与……伍，意为与……并列。哙，指樊哙（前242？—前189），西汉沛县（今属江苏）人。少以屠狗为业。从刘邦起兵攻秦，屡立战功。入咸阳，在鸿门宴上斥项羽，卫护刘邦得脱身。迁郎中，封临武侯，历骑将、将军。高帝立，从击臧荼、陈豨和韩王信，迁左丞相、相国，封舞阳侯。卒谥武。淮阴，古县名。秦始设，在今江苏淮安。这里指淮阴侯韩信。

②无面见江东，项羽羞归故里：语本《史记·项羽本纪》："项王笑曰：'天之亡我，我何渡为！且籍与江东子弟八千人渡江而西，今无一人还，纵江东父老怜而王我，我何面目见之？'"项羽兵败垓下，

乌江亭长划船欲渡他过江,他说自己带领江东子弟八千人渡江出征,现在没有一个人跟着回来,无颜见江东父老。故里,故乡。

③韩信受胯(kuà)下之辱:语本《史记·淮阴侯列传》:"淮阴屠中少年有侮信者,曰:'若虽长大,好带刀剑,中情怯耳。'众辱之曰:'信能死,刺我,不能死,出我胯下。'于是信孰视之,俯出胯下,蒲伏。一市人皆笑信,以为怯。"韩信年轻时,在家乡淮阴屠宰市场,为了避免和一个无赖少年发生无谓的冲突,从他胯下钻过,被人误以为是个胆小鬼。后遂以"受胯下之辱"指忍受奇耻大辱。

④张良有进履(lǚ)之谦:语本《史记·留侯世家》:"良尝间从容步游下邳圯上,有一老父,衣褐,至良所,直堕其履圯下,顾谓良曰:'孺子,下取履!'良鄂然,欲殴之。为其老,强忍,下取履。父曰:'履我!'良业为取履,因长跪履之。父以足受,笑而去。良殊大惊,随目之。父去里所,复还,曰:'孺子可教矣。后五日平明,与我会此。'良因怪之,跪曰:'诺'。"张良在博浪沙刺杀秦始皇失败后,逃亡至下邳(今江苏睢宁),在圯桥遇见一位老人,老人故意让鞋子掉到桥下,命令张良为他拾起鞋子并帮他穿上。后遂以"进履之谦"比喻年轻人具有尊老敬老的品德。张良(?—前186),字子房,西汉沛郡城父(今安徽亳州城父镇)人。祖与父相继为韩相。秦灭韩,良图复韩,募力士于博浪沙狙击秦始皇未中,遂更姓名。传说逃亡至下邳,遇黄石公,受《太公兵法》。秦二世元年(前209),聚众响应陈胜。后从刘邦,为主要谋士。刘邦率军攻入咸阳,良与樊哙力劝刘邦闭宫室府库,还军霸上。于鸿门宴上为刘邦解除危难。楚汉战争时,提出不立六国后代,联结英布、彭越,重用韩信等策。又主张追击项羽,歼灭楚军,皆为刘邦所采纳。汉高祖六年(前201),封留侯。晚好黄老,学辟谷之术。卒谥文成。进履,为尊长递上鞋子。

⑤卫青为牧猪之奴:语本《史记·卫将军骠骑列传》:"大将军卫青

者,平阳人也。其父郑季,为吏,给事平阳侯家,与侯妾卫媪通,生青。青同母兄卫长子,而姊卫子夫自平阳公主家得幸天子,故冒姓为卫氏。字仲卿。……青为侯家人,少时归其父,其父使牧羊。先母之子皆奴畜之,不以为兄弟数。青尝从入至甘泉居室,有一钳徒相青曰:'贵人也,官至封侯。'青笑曰:'人奴之生,得毋笞骂即足矣,安得封侯事乎!'"汉武帝时的大将军卫青,出身贫贱,年轻时曾经放过羊。本书云"卫青为牧猪之奴",恐是作者误记。牧猪的是公孙弘。《史记·平津侯主父列传》:"丞相公孙弘者,齐菑川国薛县人也,字季。少时为薛狱吏,有罪,免。家贫,牧豕海上。年四十余,乃学《春秋》杂说。"卫青(?—前106),字仲卿,西汉河东平阳(今山西临汾)人。卫皇后弟。本姓郑,其父郑季与平阳侯家妾卫媪通,生青。冒姓卫。初为平阳公主家奴,汉武帝时,为太中大夫。元光六年(前129),以车骑将军率军大败匈奴,爵关内侯。元朔二年(前127),又出兵云中,收复河套地区,封长平侯。元狩四年(前119),以大将军与霍去病各率大军远出漠北,击败匈奴主力。前后七次出击匈奴,屡立战功,解除了匈奴对汉王朝威胁。与霍去病并为大司马。卒谥烈。

⑥樊哙为屠狗之辈:语本《史记·樊郦滕灌列传》:"舞阳侯樊哙者,沛人也。以屠狗为事,与高祖俱隐。"樊哙年轻时以杀狗卖肉为业。

⑦"求士莫求全"四句:语本《孔丛子·居卫》:"子思居卫,言苟变于卫君曰:'其材可将五百乘,君任军旅,率得此人则无敌于天下矣。'卫君曰:'吾知其材可将,然变也尝为吏,赋于民而食人二鸡子,以故弗用也。'子思曰:'夫圣人之官人,犹大匠之用木也,取其所长弃其所短。故杞梓连抱,而有数尺之朽,良工不弃,何也?知其所妨者细也,卒成不訾之器。今君处战国之世,选爪牙之士,而以二卵焉弃干城之将,此不可使闻于邻国者也。'卫君再拜曰:'谨受教矣。'"战国时期卫国人苟变有统兵之才,但他在乡

间曾接受百姓招待,吃了两个鸡蛋,卫君不肯用他为将。子思劝卫君说:好木匠不会因一棵大树有几尺朽烂的地方而丢弃不用,国君用人也应该取其所长弃其所短,不能因为有小缺点而错过人才。求士,求贤,为国家求取人才。求全,要求完美无缺。卵,此指鸡蛋。干城之将,指保卫国家的大将。连抱之材,直径大得需要几个人合抱的大树。连抱,连臂合抱,多形容树木之粗大。《汉书·司马相如传》:"欃檀木兰,豫章女贞,长千仞,大连抱。"唐·颜师古注:"连抱者,言非一人所抱。"

⑧君子身,可大可小:此句指君子无论社会身份高还是低,皆能安之若素。身,身份,社会地位。

⑨丈夫:指成年男子。《穀梁传·文公十二年》:"男子二十而冠,冠而列丈夫。"

⑩能屈能伸:语本《周易·系辞下》:"尺蠖之屈,以求信(信,同"伸")也。"能弯曲也能伸展。指人在不得志时能忍耐,在得志时能施展其抱负。没有志气的人在恶势力面前屈服,也常说这话解嘲。

⑪枚举:逐一列举。《北史·恩幸传序》:"其间盗官卖爵,污辱宫闱者多矣,亦何可枚举哉。"

⑫武经:泛指兵书。唐·白居易《除王似检校户部尚书充灵盐节度使制》:"早练武经,累从军职。"宋时武试,选定《孙子》《吴子》《六韬》《司马法》《三略》《尉缭子》《李卫公问对》等七种兵书,供应武举者研习,名《武经七书》,简称《武经》。

【译文】

"羞与哙等伍",韩信从楚王被降为淮阴侯,和旧时部下樊哙等人爵位一样,于韩信而言,这是天大的羞辱;"无面见江东",项羽宁肯拔剑自杀,也羞于返乡,因为无颜面对江东父老。

韩信甘受屈辱,从流氓地痞胯下钻出,不和他一般见识;张良谦逊恭敬,曾在圯桥为神秘老人穿鞋子。

汉朝著名将领卫青，曾经是养猪放猪之奴；大汉开国功臣樊哙，早年是杀狗卖肉的屠夫。

寻求贤士，不必求全责备，不要因为贤才吃了人家两枚鸡蛋便不肯重用，以致错失保家卫国的良将；任用人才，如同挑选木料，不要因为有几寸朽坏，而扔掉几个人才能合抱的栋梁之材。

总而言之：君子的社会身份，可大可小；男子汉的志向，能屈能伸。

自古以来英雄辈出，难以逐一列举介绍；若要详细了解历史名将的用兵谋略，就要研读一些兵书。